DIE 100 BESTEN REZEPTE AUS ALLER WELT

# SUPPEN
## *und Eintöpfe*

AUSGEWÄHLT VON CHRISTIAN TEUBNER

DIE 100
BESTEN REZEPTE
AUS ALLER WELT

# SUPPEN
## *und Eintöpfe*

AUSGEWÄHLT VON CHRISTIAN TEUBNER

TEUBNER EDITION

# Inhalt

**FÜR 4 PORTIONEN!**
Wenn nicht anders angegeben, sind die Rezepte grundsätzlich für 4 Portionen.

# Feines aus der Suppenküche

## KLARE UND GEBUNDENE SUPPEN, FONDS, CONSOMMES & ESSENZEN.

Grundsätzlich unterscheidet man bei Suppen zwischen klaren und gebundenen. Zu letzteren zählen alle Suppen, die mit Eigelb legiert, püriert, mit einer Béchamelsauce zubereitet oder mit Sahne verfeinert werden. Dazu rechnet man aber auch alle »dicken Suppen« sowie die Eintöpfe. Manche dieser wunderbar schmeckenden und kochgeschirrsparenden Gerichte sind so gehaltvoll, daß sie leicht ein komplettes Essen ausmachen können, zumindest aber für eine ordentliche Zwischenmahlzeit gut sind. Die leichteren unter den gebundenen, etwa feine Gemüsesüppchen, vor allem aber die klaren Suppen haben ihren klassischen Platz dagegen immer zu Beginn einer Menüfolge beziehungsweise nach der kalten Vorspeise, und da sind sie auch gerade richtig: Ebenso kraft- wie geschmackvoll und doch leicht, schmeicheln sie dem Gaumen und bereiten den Magen auf kommende Genüsse vor. Aber ob gebunden oder klar: Unverzichtbare Grundlage sind immer gute Fonds oder Brühen; und so manche klare Suppe kann sogar nur aus Fond und Einlage »bestehen«. Daher gilt: Auch wenn im Handel fertige Fonds von guter Qualität angeboten werden, sind natürlich jene, die man aus frischen Produkten selbst herstellt, nach wie vor die besten. Und so wird ihrer Zubereitung nicht von ungefähr auf den folgenden Seiten viel Platz eingeräumt – zumal man Fonds aus unterschiedlichsten Zutaten kochen kann, aus Gemüse wie aus Hühnern, aus Kalbs-, Rinder- oder Wildknochen ebenso wie aus den Karkassen von Fischen und Krustentieren. Klar sind neben den Fonds auch Brühen und Bouillons, wobei letztere mit der sogenannten Court-Bouillon nur den Namen gemeinsam haben, denn bei ihr handelt es sich um einen gewürzten Sud zum Garen von Fisch.

## GEMÜSEFOND

2 Gemüsezwiebeln
100 g Brokkolistiele
250 g Lauch, 300 g Möhren
200 g Stangensellerie, 150 g Zucchini
20 g Butter
1/4 l Weißwein
1/2 gebräunte Zwiebel
je 1 Zweig Thymian und Rosmarin
1 Lorbeerblatt
1/2 Knoblauchzehe, 1 Gewürznelke

Die Zwiebeln schälen und in grobe Ringe schneiden. Das restliche Gemüse putzen beziehungsweise waschen und klein schneiden. Entsprechend der Bildfolge weiterverfahren.

**Gemüsefond herstellen:**

Die Butter in einem entsprechend großen Topf zerlaufen lassen und die Zwiebelringe darin hell anschwitzen.

Das Gemüse zufügen und im offenen Topf kurz mitschwitzen. Mit dem Weißwein ablöschen und 3 l Wasser angießen.

Die gebräunte Zwiebel sowie die Gewürze einrühren und die Brühe bei mittlerer Temperatur zum Kochen bringen.

30 bis 40 Minuten bei reduzierter Hitze köcheln lassen, dabei mehrfach den entstandenen Schaum mit einem Löffel abschöpfen.

Den fertigen Gemüsefond durch ein mit einem Tuch ausgelegtes Spitzsieb gießen, wieder erhitzen und auf 1,5 l einkochen lassen.

## FISCHFOND

1 kg Fischkarkassen (vom Fischhändler)
80 g Schalotten, 200 g Lauch (nur das Weiße)
100 g Petersilienwurzel, 80 g Stangensellerie
3 EL Öl, 1/2 l trockener, spritziger Weißwein
1 Lorbeerblatt, 2 bis 3 Zweige Thymian
1/2 TL weiße Pfefferkörner

Die Kiemen aus den Fischköpfen sowie die Flossen beziehungsweise -säume (bei Plattfischen) entfernen. Die Karkassen grob zerkleinern und in eine Schüssel legen. Die Schalotten schälen, fein würfeln. Das Gemüse putzen, den Lauch in Ringe schneiden, das restliche Gemüse grob würfeln. Den Fond zubereiten, wie gezeigt.

**Fischfond zubereiten:** Die Karkassen unter fließendem Wasser etwa 20 Minuten wässern, bis das Wasser klar und frei von Trübstoffen ist. Die Karkassen abtropfen lassen.

Die Karkassen im erhitzten Öl 3 bis 4 Minuten unter Wenden hell angehen lassen. Das vorbereitete Gemüse kurz mitschwitzen.

Sobald die Fisch-Gemüse-Mischung zu köcheln beginnt, den Wein angießen und langsam erhitzen. Leicht eindampfen lassen.

Mit 2 l kaltem Wasser aufgießen und langsam erwärmen. Dadurch werden die Geschmacksstoffe in idealer Weise aufgeschlossen.

Die Gewürze einlegen. Den Fond aufkochen lassen und den aufsteigenden Schaum mehrfach sorgfältig abschöpfen.

20 bis 30 Minuten köcheln lassen, nicht länger, sonst wird der Fond leimig. Durch ein Sieb laufen lassen, erkalten lassen, entfetten.

# Fond, das Zauberwort für gute Suppen

## ZWAR MANCHMAL ETWAS AUFWENDIG IN DER ZUBEREITUNG, DOCH LOHNT SICH DIE MÜHE AUF JEDEN FALL.

Zumal man meist Mengen zubereitet, die gar nicht auf einmal verbraucht werden. Alles, was übrigbleibt, läßt sich problemlos portionsweise einfrieren, so daß für die nächste Suppe gleich Vorrat im Haus ist. Fonds kann man auch in Eiswürfelschalen gießen und einfrieren: Mit einem solchen »Würfel« Fond bringt man ganz fix beispielsweise an Saucen viel Geschmack. Gesalzen wird ein Fond übrigens grundsätzlich nicht – beim weiteren Reduzieren könnte er sonst zu salzig werden.

**Hellen Rinderfond zubereiten:**
2 kg gesäuberte, zerkleinerte Rinderknochen und 500 g gespaltene, vom Mark befreite Markknochen blanchieren. Aufkochen lassen, abgießen und mit kaltem Wasser kräftig abbrausen.

Die Knochen in einem Seiher gut abtropfen lassen, in einen entsprechend großen Topf füllen und vollständig mit kaltem Wasser bedecken.

Den Topfinhalt zum Kochen bringen und dabei mehrmals den aufsteigenden Schaum mit einem Schöpflöffel abnehmen. Etwa 45 Minuten köcheln lassen.

1/2 gebräunte Zwiebel, 2 Nelken, 6 bis 8 Pfefferkörner und ein Bouquet garni (Möhre, Lauch, Sellerie, Petersilienwurzel, Knoblauch, Lorbeerblatt) einlegen.

Den fertigen Fond nach insgesamt 1 1/2 bis 2 Stunden Kochzeit durch ein Spitzsieb laufen lassen, das mit einem Passiertuch ausgelegt ist.

Den erkalteten Rinderfond entfetten. Dazu entweder Küchenpapier vorsichtig über die Oberfläche ziehen oder das Fett mit einem Schaumlöffel abheben.

**Einen Rinderfond klären:**

300 g Rinderhesse, 40 g Möhre, 30 g Petersilienwurzel und 30 g Knollensellerie durch die grobe Scheibe des Fleischwolfes drehen.

Mit 1/2 gebräunten Zwiebel, 40 g Lauchringen, 3 Piment-, 6 Pfefferkörnern, 1 Lorbeerblatt, 2 Nelken, 1 Thymianzweig, Salz und 2 Eiweißen mischen.

10 Eiswürfel unterrühren. Die Mischung in einen Topf umfüllen und mit 1 1/2 bis 2 l kaltem, entfettetem hellem Rinderfond aufgießen.

Aufkochen, mit einem Bratwender ständig am Topfboden rühren, damit das Eiweiß nicht anhängt. Nicht mehr rühren, sobald dichter Schaum aufsteigt.

40 bis 45 Minuten sieden lassen. Ein Sieb mit einem feinen Passiertuch auslegen und die Brühe durchlaufen lassen, ohne nachzuhelfen.

**Kräftig im Aroma und absolut transparent –** so muß eine vollendete Consommé aussehen. Damit man zu einem solch ansprechenden Ergebnis kommt, werden meist zur Geschmacksverstärkung noch Knochen mitgekocht. Anschließend wird der Fond dann geklärt, um alle Trübstoffe wieder zu entfernen.

Wünscht man seine Suppe ganz transparent, so muß man den Fond erst klären, also mit Eiweiß, Gemüse und durch den Wolf gedrehtem Fleisch nochmals aufkochen, um alle Trübteilchen herauszufiltern. In diesem Fall nennt man das Ergebnis Consommé oder Kraftbrühe: eine vollkommen klare, helle, aber hocharomatische Suppe, die zur Vollendung höchstens noch einer ebenso delikaten Einlage bedarf. Konzentriert im Geschmack sind auch Essenzen oder Fumets: Sie erhält man, wenn man einen klaren beziehungsweise geklärten Fond durch Einkochen noch weiter reduziert – sozusagen Aroma pur.

## HELLER GEFLÜGELFOND

Kalbsknochen gehören beim Zubereiten von Geflügelfond, den man aus einem ganzen Huhn, oder auch, wie hier vorgeschlagen, aus Karkassen vom Huhn zubereiten kann, auf jeden Fall mit in den Topf, weil sie den Geschmack des Fonds entscheidend verbessern und weil sie zudem eine Hühnersuppe noch kräftiger machen.

| |
|---|
| 2 kg Hühnerkarkassen (mit Hals, Magen und Herz) |
| 750 g Kalbsknochen in Scheiben, 4 EL Pflanzenöl |
| 100 g Möhren, 80 g Stangensellerie, 80 g Lauch |
| 40 g Knollensellerie, 1/4 l trockener Weißwein |
| 1 Lorbeerblatt, 15 Pfefferkörner |
| 4 Pimentkörner, 1 angedrückte Knoblauchzehe |

**Hellen Geflügelfond zubereiten:** Die zerkleinerten Karkassen und die Kalbsknochen 1/2 Stunde wässern. Herausnehmen, gut abtropfen lassen. Das Öl in einem Bräter erhitzen und Karkassen sowie Knochen darin farblos anbraten. Das geputzte beziehungsweise geschälte, in 1 cm große Stücke geschnittene Gemüse kurz mitschwitzen.

Die Geflügelkarkassen sowie die Kalbsknochenscheiben und das Gemüse mit dem Weißwein ablöschen.

Die Karkassen-Knochen-Gemüse-Mischung in einen entsprechend großen Topf umfüllen und 3 l Wasser zugießen.

Aufwallen und dann 2 Stunden leicht köcheln lassen. Nach 1 Stunde die Gewürze einlegen. Den Fond mehrfach abschäumen.

Vom Herd nehmen und noch 20 Minuten ziehen lassen. Den Fond durch ein mit einem Tuch ausgekleidetes Spitzsieb gießen.

Den Fond erkalten lassen und das Fett abnehmen oder Küchenpapier über die Oberfläche des Fonds ziehen und ihn so entfetten.

# Suppeneinlagen

## SO MANCHE SUPPE BEKOMMT DURCH IHRE EINLAGE ERST PFIFF.

Einlagen sind für viele Suppen wahrhaft das »Tüpfelchen auf dem i« – und das gilt vor allem für die klaren Suppen. Denn ihre Reize erschließen sich in erster Linie dem Geruchs- und dem Geschmackssinn. Da das Auge aber bekanntlich immer mitißt, wird seit eh und je die klare Flüssigkeit durch Einlagen verfeinert – und das selbstverständlich nicht nur optisch. Hat man etwa eine Tafelspitzbrühe zubereitet, ist die Verwendung des zarten Rindfleischs als Einlage ebenso naheliegend wie delikat. Und Julienne, also streichholzfeine Streifchen verschiedener Gemüsesorten, paßt als knackige

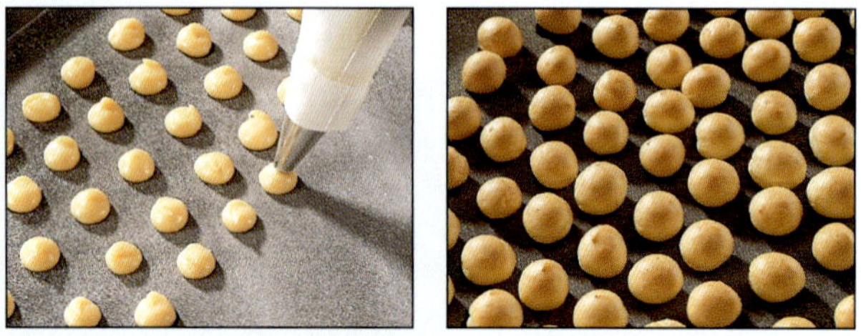

**Backerbsen:** 1/8 l Wasser mit 25 g Butter und etwas Salz aufkochen. 75 g Mehl auf einmal in die Flüssigkeit schütten. Rühren, bis sich ein Kloß bildet. Etwas abkühlen lassen, 2 Eier nacheinander unterrühren. Den Teig mit einem Spritzbeutel in Tupfen auf ein gefettetes, bemehltes Blech spritzen. 1 Tasse Wasser auf den Boden des auf 220 °C vorgeheizten Ofens gießen. Das Blech einschieben und die Backerbsen 10 bis 12 Minuten backen.

**Eierstich:** 5 Eier in eine Schüssel aufschlagen. 10 EL Milch sowie etwas Salz unterrühren und alles verquirlen. Durch ein Sieb passieren. In eine ausgefettete quadratische Form von 16 mal 16 cm füllen und diese mit Alufolie abdecken. Auf ein Wasserbad setzen, im vorgeheizten Ofen bei 100 °C etwa 30 Minuten stocken lassen. Herausnehmen, ringsum den Rand lösen und auf ein Brett stürzen. Nach Wunsch zurechtschneiden oder Formen ausstechen.

**Weißbrotcroûtons:** 100 g Weißbrot vom Vortag von der Rinde befreien und in gleichmäßige, 1/2 cm große Würfel schneiden. 30 g Butter in einer Pfanne zerlassen und die Brotwürfel darin hellbraun rösten. Herausnehmen und leicht salzen. Eine Variante: Knoblauchcroûtons. Dazu Olivenöl in einer Pfanne erhitzen, 1 geschälte Knoblauchzehe durch die Knoblauchpresse dazudrücken und die Brotwürfel goldgelb rösten.

**Flädle oder Frittaten:** 125 g Mehl in eine Schüssel sieben. Mit 1/4 l Milch, 1 Ei und 1 EL gehackter Petersilie zu einem glatten dünnen Teig verrühren. Den Teig salzen und pfeffern, dann 30 Minuten ruhen lassen. In einer Pfanne von etwa 20 cm Durchmesser etwas Butter zerlassen, nacheinander 6 dünne Pfannkuchen darin ausbacken. Herausnehmen, auf einem Teller etwas abkühlen lassen. Zusammenrollen und quer in dünne Streifen schneiden.

**Markklößchen:** 60 g ausgelöstes Rindermark klein würfeln. Bei geringer Hitze in einer Kasserolle zerlassen, durch ein feines Sieb in eine Schüssel gießen und erkalten lassen. Das erkaltete Mark schaumig rühren, nacheinander 2 Eier einarbeiten. 80 g Semmelbrösel, 1 Prise frisch geriebene Muskatnuß und 1 EL gehackte Petersilie unterrühren, zugedeckt 30 Minuten ruhen lassen. Klößchen formen und in siedender Flüssigkeit 10 Minuten ziehen lassen.

Ergänzung zu allen klaren Suppen. Abgesehen von solchen »zweitverwendeten« Zutaten gibt es natürlich eine Vielzahl köstlicher anderer Einlagen, von denen einige zwar im Handel fertig angeboten werden, doch wer ein wenig Mehraufwand nicht scheut, kann sie ohne weiteres selbst herstellen und wird schnell erkennen, daß sich die Mühe unbedingt lohnt. Die Palette reicht von einfachem gekochtem Reis, knusprigen Croûtons oder Backerbsen aus luftigem Brandteig über Pfannkuchenstreifen – im Schwäbischen »Flädle«, in Österreich »Frittaten« genannt – und Eierstich bis hin zu Klößchen. Unter diesen Einlagenfavoriten sind die beliebten Markklößchen nur eine der ungezählten Möglichkeiten – ob man eine Grundlage aus Buchweizenmehl, Grieß, Hackfleisch oder gar aus feiner Fischfarce für die »Mini-Knödel« wählt, hängt ganz vom eigenen Geschmack ab, vom Anlaß und nicht zuletzt von der Suppe, in der sie serviert werden sollen. Ohne Zweifel gehören auch Nudeln zu den beliebtesten Suppeneinlagen. Im Handel sind spezielle, getrocknete Suppennudeln in den unterschiedlichsten Farben und Formen, einschließlich Buchstaben, Tieren oder, saisonentsprechend, Weihnachtsbäumen erhältlich, doch warum nicht einmal frische, hausgemachte Pasta in der Suppe »schwimmen lassen«? Das ist im übrigen gar nicht so schwer, und wenn man sich an das folgende Rezept für einen einfachen Standard-Nudelteig hält, kann eigentlich gar nichts mehr schiefgehen. Nur sollte man darauf achten, daß alle Zutaten gleichmäßig und gut temperiert sind, damit sie sich leicht verarbeiten lassen.

## NUDELTEIG

| |
|---|
| 300 g Weizenmehl Type 405 |
| 3 Eier |
| 1 EL Olivenöl |
| 1/2 TL Salz |

Das Mehl auf eine Arbeitsfläche sieben und eine Mulde in die Mitte drücken. Weiterverfahren, wie in der Bildfolge gezeigt.

Die aufgeschlagenen Eier, das Öl und das Salz in die Mulde geben und mit einer Gabel darin verrühren.

Nach und nach immer mehr Mehl vom Rand mit unterrühren, bis ein dickflüssiger Teig entsteht.

Mit beiden Händen den Mehlrand von außen nach innen über den Teig verteilen und unterkneten.

Lassen sich die Zutaten nur schwer verarbeiten, etwa 1 EL Wasser mit beiden Daumen einarbeiten.

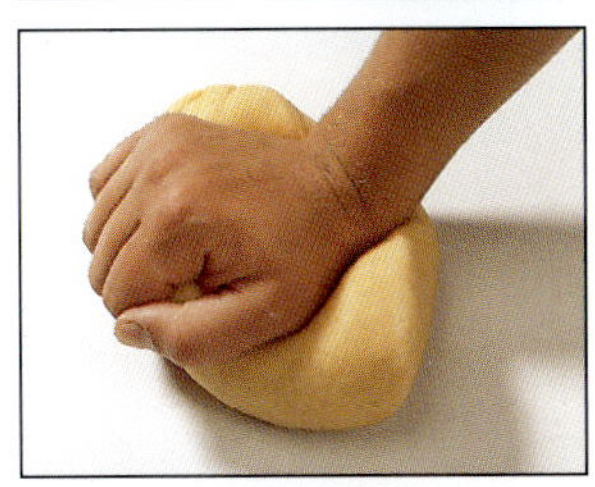

Den Teig mit den Handballen durchkneten und zu einem glatten, festen Teig verarbeiten.

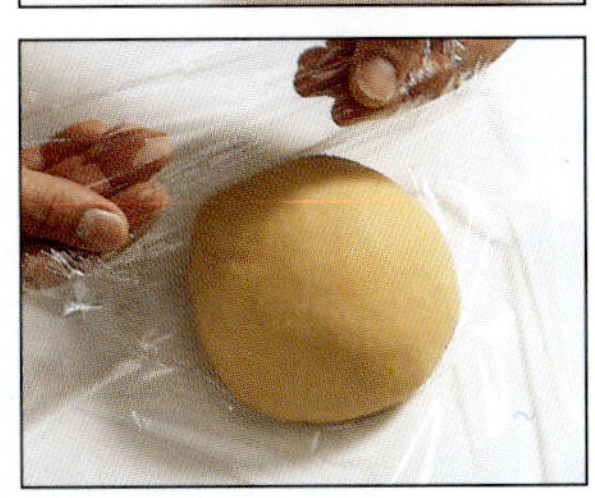

Die Teigkugel in Klarsichtfolie einschlagen und etwa 1 Stunde ruhen lassen.

Den Teig auf einer Arbeitsfläche gleichmäßig dünn ausrollen. Mit Mehl bestauben und zu einem mehrlagigen Streifen zusammenfalten. Den Teig in 2 bis 3 mm breite Bandnudeln schneiden.

# Kartoffel-Fischsuppe

## SAHNIG, DOCH KEINE CREMESUPPE IM EIGENTLICHEN SINN: DENN DIE KARTOFFELN WERDEN HIER EINMAL NICHT PASSIERT.

Der Seeteufel, auch unter seiner französischen Bezeichnung »lotte« bestens bekannt, gehört zu den von Seafood-Liebhabern am höchsten geschätzten Meeresbewohnern. Aufgrund der festen Konsistenz seines Fleisches ist er als Einlage für diese Kartoffelsuppe ideal. Seeteufel wird bei uns meist filetiert angeboten, denn der riesige Kopf mit dem furchteinflößenden Maul, der fast die Hälfte der gesamten Länge des Fisches ausmacht, ist kulinarisch nicht weiter interessant – ganz im Gegensatz zum grätenfreien und delikaten Fleisch der Filets.

| |
|---|
| 500 g Seeteufelfilet |
| 50 g Zwiebel, 2 Knoblauchzehen |
| 1 kg mehligkochende Kartoffeln |
| 50 g Butter |
| 1 TL edelsüßes Paprikapulver |
| Salz, frisch gemahlener weißer Pfeffer |
| 20 g Mehl, 1 EL Öl |
| 1/8 l Sahne, 1/8 l Milch |
| **Zum Garnieren:** |
| 2 Eier, grob gemahlener Pfeffer |

1. Das Fischfilet unter fließendem kaltem Wasser kurz abspülen und trockentupfen. Mit einem scharfen Messer in 3 cm große Stücke schneiden und bis zur weiteren Verwendung in den Kühlschrank stellen.

2. Die Eier für die Garnitur in sprudelndem Wasser in 10 bis 12 Minuten hart kochen, herausnehmen und unter kaltem Wasser abschrecken. Bis zur weiteren Verwendung zur Seite legen.

3. Die Zwiebel schälen und fein würfeln. Die Knoblauchzehen schälen. Die Kartoffeln schälen und in 1 cm große Würfel schneiden.

4. Die Hälfte der Butter in einem entsprechend großen Topf zerlassen und die Zwiebelwürfel darin hell anschwitzen. Den Knoblauch durch eine Knoblauchpresse dazudrücken. Die Kartoffelwürfel zufügen und bei mittlerer Hitze unter gelegentlichem Rühren etwa 15 Minuten braten. Mit Paprikapulver, Salz und Pfeffer würzen.

5. Die Fischwürfel salzen und in Mehl wenden. Das Öl und die restliche Butter in einer Pfanne erhitzen und die Fischwürfel darin von allen Seiten hellbraun anbraten, das dauert etwa 3 bis 4 Minuten.

6. Die Kartoffeln mit 1/4 l Wasser ablöschen. Die Sahne und die Milch angießen und alles aufkochen. Die Hitze reduzieren, die Suppe 15 bis 20 Minuten köcheln lassen. Abschmecken. Die gebratenen Fischstücke einlegen.

7. Die Eier schälen und in Scheiben schneiden. Die Suppe auf vorgewärmte Teller verteilen, mit den Eischeiben anrichten, mit etwas grob gemahlenem Pfeffer bestreuen und servieren.

**Tomaten** fanden im Zuge der Eroberung der Neuen Welt, an der auch die portugiesische Krone keinen unerheblichen Anteil hatte, Eingang in die Küche des Landes und sind seither nahezu unverzichtbar.

# Caldo verde

## EINE KOHLSUPPE, DIE ZU DEN PORTUGIESISCHEN NATIONALGERICHTEN GEZÄHLT WERDEN DARF.

In Portugal verwendet man für diese Suppe eine spezielle Kohlsorte, »couve galega«. Sie wird vor allem an der Costa verde angebaut, der »grünen Küste« des Landes, bis hin zum Minho, dem Fluß, der im Norden die Grenze zu Spanien bildet. Der Kohl wird von den Bauern häufig zwischen die Weinreben gepflanzt – so nutzt man jedes Fleckchen fruchtbaren Bodens bestens aus. Couve galega ist eine langstielige Sorte, die manchmal mit unserem Grünkohl verglichen wird. Er besitzt jedoch keine gekrausten Blätter, sondern ähnelt im Aussehen eher Rübenblättern oder Stielmus. Auf portugiesischen Märkten wird Couve galega vorgeschnitten und abgepackt angeboten, doch außerhalb des Landes ist er so gut wie nicht erhältlich. Für eine »mitteleuropäische« Variante des Caldo verde empfiehlt sich deshalb in – wirklich sehr feine – Streifen geschnittener Wirsing. Einen portugiesischen Akzent kann man der Suppe dann zum Schluß noch durch das Bestreuen mit Koriandergrün geben, das in der Landesküche mindestens ebenso beliebt ist wie Petersilie.

**»Chouriço«,** eine mit Paprika und Knoblauch herzhaft gewürzte Hartwurst, ist die charakteristische Zutat für diese traditionelle Suppe – neben dem Kohl natürlich.

| |
|---|
| **Für 4 bis 6 Portionen** |
| 50 g Zwiebel, 1 Knoblauchzehe |
| 1 kg mehligkochende Kartoffeln |
| 1,2 l Geflügelfond, 350 g Wirsing |
| Salz, frisch gemahlener Pfeffer |
| **Für die Einlage:** |
| 50 g Zwiebel, 1 Knoblauchzehe |
| 300 g Chouriço |
| 200 g Tomaten |
| 2 EL Olivenöl |
| **Außerdem:** |
| 1 EL gehacktes Koriandergrün |

1. Die Zwiebel und die Knoblauchzehe schälen und fein würfeln. Die Kartoffeln waschen und in Würfel schneiden. Den Geflügelfond in einem entsprechend großen Topf erhitzen, die Kartoffel-, Zwiebel- und Knoblauchwürfel zufügen. Einmal aufkochen lassen, die Hitze reduzieren und zugedeckt 20 Minuten köcheln lassen.

2. In der Zwischenzeit den Wirsing putzen, vierteln, den Strunk herausschneiden und das Kraut in sehr feine Streifen schneiden. Die Wirsingstreifen in einem Sieb unter fließendem kaltem Wasser waschen und gut abtropfen lassen.

3. Den Topfinhalt mit dem Mixstab fein pürieren, salzen und pfeffern. Den Wirsing einrühren und die Suppe weitere 10 Minuten köcheln lassen.

4. Für die Einlage Zwiebel sowie Knoblauch schälen und fein hacken. Die Wurst häuten und in dünne Scheiben schneiden. Die Tomaten blanchieren, häuten, vierteln, Stielansatz und Samen entfernen, das Fruchtfleisch in 5 mm große Würfel schneiden. Das Öl in einer Pfanne erhitzen, Zwiebel- und Knoblauchwürfel darin hell anschwitzen. Die Tomatenstücke und die Wurstscheiben kurz in der Pfanne mitbraten.

5. Die Suppe in vorgewärmte Teller schöpfen und die Tomaten-Wurst-Mischung darauf verteilen. Mit Koriandergrün garnieren und servieren.

**Fischerboote beim Einlaufen:** Gleich bringen die Männer ihre Beute an Land. Die fangfrischen Fische und Meeresfrüchte aus dem Atlantik sind eine gute Einnahmequelle.

# Gemüsesuppe mit Muscheln

AUF PORTUGIESISCH »CANJA DE CONQUILHAS«, DAZU PASST »PAO«, FRISCHES BAUERNBROT.

Garantiert ofenwarm ist das Brot, wenn man es selbst bäckt. Dann sollte man allerdings daran denken, rechtzeitig mit der Zubereitung zu beginnen, damit es zur Suppe gereicht werden kann.

| **Für den Muschelsud:** |
|---|
| 40 Schwertmuscheln, 100 g weiße Zwiebeln |
| 2 Lorbeerblätter, 3 Petersilienstengel |
| **Für die Suppe:** |
| 50 g weiße Zwiebel, 2 Knoblauchzehen |
| 100 g Möhren, 80 g Lauch, 50 g Stangensellerie |
| 3 EL Olivenöl, 10 Safranfäden, Salz |
| frisch gemahlener Pfeffer, 60 g Langkornreis |
| 1 Eigelb, 1 EL Zitronensaft |
| 1 EL gehackte Petersilie |
| **Für das Bauernbrot:** |
| 200 g Weizenmehl (Type 405) |
| 300 g Weizenvollkornmehl (Type 1050) |
| 1 Würfel frische Hefe (42 g) |
| 300 ml lauwarmes Wasser, 1/2 TL Salz, Olivenöl |

1. Für den Sud die Muscheln 10 Minuten in kaltes Wasser legen, dann unter fließendem kaltem Wasser gut abbrausen. Die Zwiebeln schälen und hacken. In einem entsprechend großen Topf etwa 1,5 l Wasser mit den Zwiebeln, den Lorbeerblättern und den Petersilienstengeln aufkochen. Die Muscheln einlegen und so lange kochen, bis sie sich öffnen. Die Muscheln aus dem Sud nehmen und zwei Drittel davon auslösen. Den Sud durch ein feines Sieb gießen, auf 1 l einkochen lassen.

2. Für die Suppe die Zwiebel und den Knoblauch schälen und fein hacken. Die Möhren schälen, Lauch und Sellerie putzen, waschen und alles in feine, etwa 5 cm lange Streifen schneiden. Das Öl in einem Topf erhitzen und die Zwiebel- sowie Knoblauchwürfel darin glasig anschwitzen. Möhren, Lauch und Sellerie kurz mitschwitzen. Mit dem Muschelsud aufgießen, die Safranfäden einlegen, salzen und pfeffern. Zum Kochen bringen und den Reis einstreuen. Die Hitze reduzieren und alles 15 Minuten köcheln lassen. Die ausgelösten Muscheln und die Muscheln in der Schale zufügen und weitere 5 Minuten köcheln lassen.

3. Das Eigelb mit dem Zitronensaft verrühren. Die Suppe vom Herd nehmen, sie darf keinesfalls mehr kochen, und das Eigelb einrühren. Abschmecken, die Suppe in vorgewärmte Teller verteilen, mit Petersilie bestreuen und servieren.

Für das Brot beide Mehlsorten in eine Schüssel geben, in die Mitte eine Vertiefung drücken und die Hefe hineinbröckeln. Mit dem Wasser und etwas Mehl verrühren. Den Vorteig mit Mehl bestauben, zudecken und 15 Minuten gehen lassen. Das Salz zufügen, alles zu einem glatten Teig kneten und zur Kugel formen. Eine Schüssel mit Olivenöl auspinseln und den Teig darin drehen, um ihn mit Öl zu überziehen. Zudecken, etwa 1 Stunde gehen lassen. Den Teig durchkneten und einen Laib von etwa 20 cm Durchmesser formen. Diesen auf ein leicht geöltes Blech legen, zudecken, 20 Minuten gehen lassen. Bei 200 °C im vorgeheizten Ofen 40 bis 45 Minuten backen.

**Schwertmuscheln** können ziemlich sandig sein, deshalb empfiehlt sich, sie besonders gründlich zu waschen.

**Pescados y mariscos,** Fisch und Meeresfrüchte in Hülle und Fülle, gibt es auf den zahlreichen Fischmärkten Spaniens. Hier der begehrte Seehecht im Angebot.

# Suppe vom Seehecht mit Tomaten

## SPANIENS KÜSTENREGIONEN SIND FÜR IHRE KÖSTLICHEN SUPPEN MIT FISCH BERÜHMT.

Beliebt, weil leicht und erfrischend, ist in Spanien die Kombination von Tomaten und Fisch. Sie ist in vielen Variationen anzutreffen, häufig kommen auch noch die unterschiedlichsten Meeresfrüchte mit in den Topf – man denke nur an die katalanische Zarzuela. Als Fisch für diese fruchtige, feinsäuerliche Tomatensuppe wird »Merluza«, Seehecht, bevorzugt, weil sein Fleisch zum einen besonders gut schmeckt, fest und mager ist und zum andern recht wenig Gräten hat. Sollte man aber keinen Seehecht bekommen, kann man ohne weiteres auch auf Kabeljau oder Schellfisch ausweichen.

**Zarte Bissen vom Seehecht.** Damit der Fisch nicht zu sehr austrocknet, wird er nicht eigentlich gekocht, sondern zieht nur einige Minuten in der heißen Suppe.

| |
|---|
| 1 ausgenommener Seehecht mit Haut (etwa 1 kg) |
| Saft von 1 Zitrone |
| 230 g Zwiebeln |
| 1 Knoblauchzehe |
| 700 g frische Tomaten |
| 2 EL Olivenöl |
| 1/2 TL Fenchelsamen |
| 600 ml Fischfond |
| 1/8 l trockener Weißwein |
| Salz, frisch gemahlener weißer Pfeffer |
| **Außerdem:** |
| 1 Bund Petersilie |

1. Den ausgenommenen Fisch unter fließendem kaltem Wasser innen und außen sorgfältig waschen und mit Küchenpapier trockentupfen. Den Fisch mit einem Tuch am Schwanzende festhalten und die Flossen in Richtung Kopf abschneiden. Den Kopf entfernen; dafür den Fisch auf beiden Seiten direkt hinter der Kiemenöffnung schräg zum Kopf hin bis auf die Mittelgräte einschneiden. Um die Filets abzulösen, mit einem scharfen Messer am Rückgrat entlang bis zur Mittelgräte einschneiden, das Messer quer unter das obere Filet schieben und in Richtung Schwanz abschneiden. Die Filets vorsichtig von den Gräten abheben, kleine Gräten entfernen, das geht am besten mit einer Pinzette. Die Filets in mundgerechte Stücke schneiden, von beiden Seiten mit

Zitronensaft beträufeln und bis zur weiteren Verwendung in den Kühlschrank stellen.

2. Die Zwiebeln und die Knoblauchzehe schälen und beides fein hacken. Die Tomaten blanchieren, kalt abschrecken und häuten. Samen sowie Scheidewände entfernen und das Fruchtfleisch in sehr kleine Stückchen schneiden.

3. Das Öl in einem großen Topf erhitzen. Die Zwiebeln, den Knoblauch und die Fenchelsamen darin unter Rühren kurz anschwitzen. Den Fischfond sowie den Weißwein zugießen. Die Tomatenstückchen untermischen. Zum Kochen bringen, den Topf zudecken und den Topfinhalt etwa 10 Minuten bei geringer Hitze köcheln lassen.

4. Die Suppe mit Salz und Pfeffer würzen. Die Fischstücke vorsichtig einlegen. Den Topf wieder zudecken und den Fisch bei geringer Hitze 4 bis 5 Minuten in der Suppe ziehen lassen.

5. In der Zwischenzeit die Petersilie waschen, trockenschütteln und fein hacken. Die Suppe in Teller schöpfen und mit der Petersilie bestreuen.

**Mandeln,** hier frisch geerntet, wurden einst von den Mauren nach Spanien gebracht, wo sie heute eine wichtige Rolle in der Küche spielen. Unentbehrlich sind sie etwa für Kekse, aber auch Saucen und Suppen werden damit zubereitet.

# Sopa de almendras

## DIESE MANDELSUPPE MIT KNOBLAUCH UND SAFRAN IST EINE SPEZIALITÄT AUS GRANADA.

Die Mehrzahl der vor allem in Südspanien beliebten Mandelsuppen, meist als weiße »Gazpacho« bezeichnet, löffelt man eiskalt – als angenehm erfrischende Mahlzeit in der brütenden Hitze, die im Sommer über dem Land liegt. Besonders bekannt geworden ist die aus Malaga stammende Version mit Knoblauch und weißen Trauben. Ganz anders hingegen die im folgenden Rezept beschriebene Suppe: Sie wird heiß gegessen und ist daher also auch etwas für kältere Tage.

| |
|---|
| 200 g Mandeln, 4 EL Olivenöl |
| 4 Knoblauchzehen |
| 80 g Weißbrot vom Vortag |

**Safranfäden und roter Gemüsepaprika** geben der Suppe ihre schöne gelbe Farbe. Um den Geschmack noch zu intensivieren, röstet man die Mandeln nach dem Schälen kurz in Olivenöl.

| |
|---|
| 200 g rote Paprikaschoten |
| grobes Salz, frisch gemahlener schwarzer Pfeffer |
| 1/2 TL Safranfäden, 1 EL gehackte Petersilie |
| **Außerdem:** |
| 20 g geröstete Mandelblättchen |
| etwas gehackte Pfefferminze, Minzestengel |

1. Die Mandeln in einer Schüssel mit kochendem Wasser überbrühen, kurz stehen lassen, das Wasser abgießen. Mit eiskaltem Wasser abschrecken, aus der Schale drücken und trockentupfen.

2. Die Hälfte des Olivenöls in einer Pfanne erhitzen und die Mandeln darin bei nicht zu starker Hitze unter Rühren hellbraun rösten. Herausnehmen, auf Küchenpapier abtropfen lassen.

3. Die Knoblauchzehen schälen und hacken. Das Brot in kleine Würfel schneiden. Die Paprikaschoten waschen, halbieren, die Stielansätze, Samen sowie die Scheidewände entfernen und das Fruchtfleisch in 1 cm große Stücke schneiden.

4. Das restliche Olivenöl in der Pfanne erhitzen, die Brotwürfel darin unter ständigem Rühren goldbraun rösten. Den gehackten Knoblauch und die Paprikastücke 2 Minuten mitbraten. Mit Salz und Pfeffer würzen, die Safranfäden einstreuen und die Brot-Paprika-Mischung vom Herd stellen.

5. Die gerösteten Mandeln und die Brot-Paprika-Mischung im Mixer zusammen mit 150 ml Wasser zu einer feinen Paste verarbeiten.

6. In einem entsprechend großen Topf 850 ml Wasser zum Kochen bringen. Die Paste nach und nach unterrühren, bis sie sich im Wasser vollständig verteilt hat, und die Suppe bei schwacher Hitze 10 Minuten köcheln lassen. Die Petersilie in die Suppe einrühren. Abschmecken.

7. Die Suppe auf Teller verteilen. Mit den gerösteten Mandelblättchen, der gehackten Pfefferminze sowie jeweils einem Stengel Minze garnieren.

# Sopes mallorquines

## GEMÜSETÖPFCHEN AUS MALLORCA – EIN BÄUERLICHES GERICHT MIT VIEL KOHL, WEISSBROT UND WURST.

Auf Mallorca kennt man dieses leckere Gericht in verschiedenen Variationen, entweder mit Fleisch oder auch mit »Sobrasada«, der typisch mallorquinischen, pastetenähnlich weichen Paprikawurst. Weil man letztere bei uns nur schwer findet, hier eine spanische Variante: Mit »Chorizo« und Rioja.

| |
|---|
| 600 g Weißkohl, Salz |
| 120 g Zwiebeln |
| 2 Knoblauchzehen |
| 450 g reife Tomaten |
| 6 EL Olivenöl |
| frisch gemahlener Pfeffer |
| 1 l Gemüsefond |
| **Für die Suppentöpfchen:** |
| 200 g Weißbrot |
| 100 g Chorizo (scharfe Paprikawurst) |
| 100 ml Rioja |
| **Außerdem:** |
| 1 EL gehackte Kräuter (Thymian, Petersilie) |

1. Den Weißkohl putzen, vierteln, den Strunk entfernen und das Kraut in feine Streifen schneiden. Diese unter fließendem kaltem Wasser kurz abspülen und in kochendem Salzwasser in 10 bis 12 Minuten fast weich kochen. Abseihen und gut abtropfen lassen.

2. In der Zwischenzeit die Zwiebeln sowie die Knoblauchzehen schälen und fein hacken. Die Tomaten blanchieren, kalt abschrecken, häuten, halbieren, Samen und Stielansatz entfernen und das Fruchtfleisch in kleine Würfel schneiden.

3. Das Öl in einem Topf erhitzen und die Zwiebeln sowie den Knoblauch darin farblos anschwitzen. Die Tomatenstücke kurz mitschwitzen. Mit Salz und Pfeffer würzen. Den Fond angießen, aufkochen lassen, die Hitze reduzieren und die Suppe noch 15 Minuten köcheln lassen. Mit Salz und Pfeffer abschmecken.

4. Das Weißbrot in sehr dünne Scheiben schneiden. Die Wurst häuten und ebenfalls in dünne Scheiben schneiden.

5. Zum Anrichten 4 feuerfeste Tontöpfchen mit Brot auslegen, diese mit Rotwein beträufeln und darüber je eine Schicht Chorizo und Weißkohl legen. Diesen Vorgang noch zweimal wiederholen und mit einer Brotschicht abschließen.

6. Die Suppe in die Töpfchen verteilen und mit den Kräutern bestreuen. Bei 200 °C im vorgeheizten Ofen 10 Minuten garen. Herausnehmen und die ofenheiße Suppe sofort servieren.

**Auf der Insel Mallorca** wird das deftige Gericht in einfachen Keramiktöpfchen serviert. Wer über diese nicht verfügt, nimmt statt dessen gewöhnliche Suppentassen, dem Geschmack tut dies keinen Abbruch.

**Spanische Morcilla,** eine geräucherte schwarze Wurst mit viel Zwiebeln, ist eine klassische Zutat der »Fabada«. Die besten Morcillas kommen denn auch nicht von ungefähr aus Asturien und der Estremadura.

# Asturischer Bohneneintopf

»FABADA« GENANNT, IST WEIT ÜBER DIE GRENZEN DER PROVINZ ASTURIEN HINAUS BEKANNT UND BELIEBT.

Wichtigste Zutat für diesen schmackhaften Eintopf, der ursprünglich aus den Kantabrischen Bergen stammt, der westlichen Verlängerung der Pyrenäen, sind die großen, milden, weißen Bohnen – in Spanien »habas« oder «favas« genannt. Diese werden über Nacht eingeweicht, bevor sie dann langsam bei geringer Hitze – das ist wichtig, sonst platzen die Bohnen auf – zusammen mit dem Speck, dem aromatischen Serrano-Schinken und dem Schweinsfuß weich köcheln. Die beiden Wurstsorten, »chorizo« und «morcilla«, kommen dagegen erst zum Schluß in den Topf, sie werden in der heißen Sauce nur noch erwärmt.

**Ein deftiges Gericht,** das seinen kräftigen Geschmack zwei verschiedenen Wurstsorten, Speck, Schinken und Schweinefleisch verdankt. Nicht gerade die leichte Küche, dafür aber Spanien pur.

| |
|---|
| 350 g große, weiße getrocknete Bohnenkerne |
| 100 g Zwiebeln, 3 Knoblauchzehen |
| 80 g roher durchwachsener Räucherspeck |
| 100 g Serrano-Schinken |
| 1 EL Olivenöl |
| 60 g Tomatenmark |
| 1 EL edelsüßes Paprikapulver |
| 1 Schweinefuß (etwa 650 g) |
| 2 Lorbeerblätter |
| Salz, frisch gemahlener schwarzer Pfeffer |
| 250 g Chorizo |
| 250 g Morcilla (spanische Blutwurst) |
| **Außerdem:** |
| 1 EL gehackte Petersilie |

1. Die Bohnenkerne abbrausen, in einer Schüssel mit kaltem Wasser bedecken und über Nacht einweichen. Am nächsten Tag das Einweichwasser abgießen, die Bohnen in ein Sieb schütten, kalt abspülen und gut abtropfen lassen.

2. Die Zwiebeln und die Knoblauchzehen schälen und fein hacken. Den Speck und den Schinken in kleine Würfel schneiden.

3. Das Öl in einem Topf erhitzen, die Zwiebel- und Knoblauchwürfel darin hell anschwitzen. Die Speck- und Schinkenwürfel 3 bis 4 Minuten mitbraten. Das Tomatenmark einrühren und kurz anrösten. Das Paprikapulver darüberstauben, es darf jedoch nicht anbrennen, da es sonst bitter wird. 1,5 l Wasser angießen und den Topfinhalt zum Kochen bringen.

4. Den Schweinefuß quer in 3 oder 4 Teile hakken und in den Topf einlegen. Die abgetropften Bohnen und die Lorbeerblätter zufügen. Mit Salz und Pfeffer würzen. Die Hitze reduzieren und den Bohnentopf etwa 1 1/2 Stunden köcheln lassen. Dabei immer wieder den aufsteigenden Schaum abschöpfen.

5. In den letzten 5 Minuten der Kochzeit die beiden Wurstsorten untermischen und langsam in dem Eintopf erwärmen. Die Würste herausnehmen, in Scheiben schneiden und wieder in den Topf geben. Den Eintopf abschmecken, mit Petersilie bestreuen und servieren.

# Kalte Gemüsesuppe

## AUS PÜRIERTEN TOMATEN, PAPRIKA UND GURKEN – GUT GEKÜHLT – HERRLICH ERFRISCHEND.

Von der in Südspanien beliebten kalten Suppe, »Gazpacho« genannt, existiert eine Vielzahl von Rezepten. Mal wird sie mit Zitronensaft, mal mit Essig zubereitet. Mal ist sie dünner, mal dickflüssiger. Gemeinsam ist allen Versionen, daß die Zutaten grundsätzlich nicht gekocht werden.

| |
|---|
| 50 g Weißbrot ohne Rinde |
| 80 g weiße Zwiebeln, 2 Knoblauchzehen |
| 2 EL Olivenöl, Salz, frisch gemahlener Pfeffer |
| 300 g rote Paprikaschoten, 600 g Tomaten |
| 250 g Salatgurke |
| 1 bis 2 EL Sherryessig (6 % Säure) |
| 1/2 l kalte, entfettete Fleischbrühe |
| **Zum Garnieren:** |
| 3 EL Olivenöl |
| 80 g Weißbrot ohne Rinde, 1/2 cm groß gewürfelt |
| 1 Knoblauchzehe, geschält und gewürfelt |
| Salz, 12 grüne Oliven ohne Stein |
| 50 g weiße Zwiebel |
| 1 EL gehacktes Borretschgrün, einige Borretschblüten |

**Garnieren** kann man die kalte Gemüsesuppe mit frisch gerösteten Weißbrotwürfeln, Zwiebeln, Oliven und zudem – besonders attraktiv – mit Borretschblüten.

**Olivenernte ist Handarbeit:** Mit einem kleinen Rechen werden die Oliven vorsichtig Ast für Ast vom Baum gekämmt und fallen dann auf ein am Boden großflächig ausgebreitetes Netz.

1. Das Brot kurz in Wasser einweichen und sorgfältig ausdrücken. Die Zwiebeln und den Knoblauch schälen, fein hacken und zusammen mit dem Brot in einen Mixer geben. Das Öl zugießen, salzen, pfeffern und alles sehr fein pürieren.

2. Die Paprikaschoten waschen, Stielansätze, Samen sowie Scheidewände entfernen und das Fruchtfleisch in feine Würfel schneiden. Die Tomaten blanchieren, kalt abschrecken, häuten und vierteln. Die Samen entfernen und mit einem Löffel durch ein Sieb passieren, dabei den Tomatensaft auffangen. Das Fruchtfleisch in Stücke schneiden. Die Gurke waschen, schälen, längs halbieren, mit einem Teelöffel die Samen entfernen und das Fruchtfleisch ebenfalls klein würfeln.

**Die großen grünen Oliven** werden in den Tapas-Bars gerne zu einem Glas Wein verzehrt. Aber auch hier, zur fruchtig-säuerlichen Suppe, schmecken sie hervorragend.

3. Das vorbereitete Gemüse zu der Brotmischung in den Mixer füllen und mit dem Tomatensaft sowie dem Essig fein pürieren; wenn nötig, in mehreren Portionen nacheinander.

4. Das Püree in eine Schüssel umfüllen, mit Salz abschmecken und ein paar Stunden, am besten über Nacht, im Kühlschrank durchkühlen lassen. Vor dem Servieren mit der Brühe verrühren.

5. Für die Garnitur das Öl in einer Pfanne erhitzen, die Brot- und Knoblauchwürfel darin goldgelb rösten, herausnehmen, auf Küchenpapier abtropfen lassen, leicht salzen. Die Oliven halbieren. Die Zwiebel schälen und fein hacken. Die Suppe in Tellern anrichten und garnieren.

**Bretonische Fischer** bringen die begehrten Meeresfrüchte in Top-Qualität an Land. Der Idealfall für Gourmets, denn Scampi, französisch Langoustines genannt, sind in puncto Frische sehr empfindlich.

# Bisque de Langoustines

EIN KLASSIKER DER GROSSEN FRANZÖSISCHEN KÜCHE – MIT EDLEN KRUSTENTIEREN – DER VOLLENDETE GENUSS.

| |
|---|
| 8 Scampi (je etwa 140 g) |
| 30 g Lauch, 50 g Möhre, 30 g Stangensellerie |
| 80 g Zwiebeln, 30 g Schalotten |
| 2 kleine Knoblauchzehen, 3 EL Olivenöl, 30 g Butter |
| 60 g Langkornreis, 40 g Tomatenmark |
| 100 ml Weißwein, 100 ml Noilly Prat, 4 cl Cognac |
| 1,2 l Fischfond, 1 Zweig Estragon, 1 Zweig Petersilie |
| 1 Zweig Basilikum, Salz, 1 Prise Cayennepfeffer |
| 80 ml Sahne, halbsteif geschlagen |
| **Für die Einlage:** |
| 50 g Lauch, 30 g Stangensellerie, Salz |
| 20 g Butter, 2 EL Olivenöl |
| 1 Estragonzweig, 1 EL gehackter Estragon |

1. Die Schwänze der Scampi vom Kopfteil abdrehen. Die Schwänze auf der Unterseite aufschneiden und die Schale auseinanderbrechen, um das Schwanzfleisch herauszuholen. An der Oberseite leicht einschneiden und den Darm vorsichtig entfernen, er darf nicht reißen. Die ausgelösten Schwänze zugedeckt bis zur weiteren Verwendung kühl stellen. Die Kopfteile längs halbieren und sorgfältig auswaschen, alle Karkassen in kleine Stücke hacken.

2. Lauch, Möhre, Stangensellerie, Zwiebeln, Schalotten und Knoblauch schälen beziehungsweise putzen und in kleine Würfel schneiden.

3. Das Öl und die Butter in einem Topf erhitzen und die Karkassen darin unter Rühren 10 Minuten braten. Das Gemüse 5 Minuten mitbraten. Inzwischen den Reis blanchieren, abseihen, kalt abspülen, abtropfen lassen, in den Topf geben und glasig anschwitzen. Das Tomatenmark einrühren und 2 bis 3 Minuten mitschwitzen. Mit Wein ablöschen, Noilly Prat und Cognac zugießen und auf die Hälfte reduzieren. Den Fond angießen. Die Kräuter einlegen, aufkochen und bei reduzierter Hitze 20 bis 25 Minuten köcheln lassen.

4. Für die Einlage Lauch und Sellerie in ganz feine Streifen (Julienne) schneiden, in leicht gesalzenem Wasser blanchieren und abtropfen lassen.

5. Die Bisque im Mixer fein zerkleinern und portionsweise durch ein feines Haarsieb zurück in den Topf passieren, dabei die Zutaten kräftig ausdrücken. Mit wenig Salz und Cayennepfeffer würzen. Warm halten.

6. In einer Pfanne die Butter und das Öl für die Einlage erhitzen und den Estragonzweig darin anbraten. Die Scampischwänze mit Salz und Cayennepfeffer würzen, im heißen Fett rundum goldbraun braten und mit dem gehacktem Estragon bestreuen.

7. Die Bisque kurz aufmixen und die Sahne vorsichtig unterziehen. Die Scampi und die Gemüsejulienne in vorgewärmte Suppentassen anrichten, mit der heißen Bisque umgießen und mit kroß gebratenem Estragon garnieren. Sofort servieren.

**Mit Cognac verfeinert** und mit Cayennepfefffer gewürzt wird diese köstliche Cremesuppe mit Krustentieren, bei der die halbsteif geschlagene Sahne erst ganz zum Schluß vorsichtig untergezogen wird.

# Artischocken-Cremesuppe

## DIE BÖDEN DES DISTELARTIGEN GEMÜSES EINMAL ÜBERRASCHEND ANDERS – ALS SAHNIGE SUPPE.

Die gekochten Artischockenblätter, die nicht für die Suppe gebraucht werden, kann man auf einer Platte anrichten und in Begleitung einer Vinaigrette oder einer anderen Salatsauce vorweg reichen.

| |
|---|
| 12 Artischocken mit Stiel (je etwa 200 g) |
| Saft von 1 Zitrone |
| 1/2 unbehandelte Zitrone, in Scheiben geschnitten |
| 1 TL Salz, 60 g Schalotten, 1 Knoblauchzehe |
| 250 g mehligkochende Kartoffeln, 50 g Butter |
| Salz, weißer Pfeffer, 80 g Crème fraiche |
| **Außerdem:** |
| 50 g Sahne, halbsteif geschlagen |
| 1 EL gehackte Petersilie |

1. Von den Artischocken die stacheligen Hüllblätter am Stiel mit einer Küchenschere abschneiden und wegwerfen. Den Stiel direkt unter dem Blütenansatz mit einem Ruck abbrechen. Die kleinen, harten Blätter rund um den Stielansatz mit den Händen abzupfen. Mit einer Küchenschere

**Ist eine Artischocke** einmal geputzt und gekocht, bleibt nicht mehr viel zum Verzehr übrig – nur das Fleisch der Hüllblätter und der Boden. Doch sind beide wegen ihres feinherben, leicht bitteren Aromas bei Feinschmeckern beliebt.

die stacheligen Spitzen der Blätter entfernen und mit einem scharfen Messer die Spitze jeder Artischocke gerade abschneiden. Das Gemüse sofort in mit dem Saft von 1/2 Zitrone gesäuertes Wasser legen, damit es sich nicht verfärbt.

2. In einem großen Topf etwa 3 l Wasser mit 2 EL Zitronensaft, den Zitronenscheiben und Salz zum Kochen bringen. Die Artischocken einlegen, die Hitze reduzieren und das Gemüse 20 bis 25 Minuten köcheln lassen. Herausnehmen, in kaltem Wasser abschrecken. Die Blätter ablösen und anderwertig verwenden. Das »Heu« aus jeder Artischocke mit einem Teelöffel entfernen. Die Artischockenböden klein würfeln.

3. Die Schalotten sowie den Knoblauch schälen und fein hacken. Die Kartoffeln schälen und klein schneiden. Die Butter in einem Topf erhitzen, Schalotten und Knoblauch darin farblos anschwitzen. Die Kartoffeln zufügen, mit 1 l der Kochflüssigkeit der Artischocken aufgießen und bei reduzierter Hitze 10 Minuten köcheln lassen. Die Artischockenwürfel einlegen, salzen, pfeffern und weitere 10 bis 15 Minuten köcheln lassen.

4. Die Suppe vom Herd nehmen und mit dem Mixstab fein pürieren. Die Crème fraîche einrühren, kurz aufmixen und abschmecken. Die Suppe auf Teller verteilen, mit je einem Klecks Sahne garnieren und mit Petersilie bestreuen.

# Klare Ochsenschwanzsuppe

DER BERÜHMTEN BRAUNEN UNTER DEN KLAREN BRÜHEN VERLEIHEN SHERRY UND BALSAMICO DEN UNVERKENNBAREN CHARAKTER.

800 g Ochsenschwanz, 200 g Zwiebeln
100 g Möhren, 80 g Stangensellerie
100 g Lauch, 100 g Butter
1,2 kg zerkleinerte Kalbs- und Rinderknochen
1 EL Tomatenmark, 3/4 l kräftiger Weißwein
je 1 Zweig Thymian, Rosmarin und Salbei
je 1 Zweig Petersilie und Basilikum
1 EL Aceto Balsamico, 6 cl trockener Sherry, Salz

**Zum Klären:**

100 g Lauch, 120 g Möhren, 60 g Petersilienwurzel
400 g Rindfleisch (aus der Wade), 2 Nelken
3 Pimentkörner, 10 weiße Pfefferkörner
je 1 Zweig Thymian, Rosmarin und Basilikum
1/2 TL Majoran, 2 Knoblauchzehen, 1 Lorbeerblatt
5 Eiweiße, 10 Eiswürfel

Den Ochsenschwanz in den Gelenken durchschneiden. Zwiebeln, Möhren, Sellerie und Lauch putzen und in grobe Stücke schneiden. Den Ofen auf 180 °C vorheizen. Weiterverfahren, wie rechts gezeigt. Nach 3 bis 3 1/2 Stunden ist der Ochsenschwanz gar. Die Schwanzteile ausstechen, das Fleisch von den Knochen lösen, auf einen Teller geben, leicht pressen, auskühlen lassen und klein würfeln, es wird später in der Suppe serviert. Den Fond durchpassieren, abkühlen lassen und entfetten. Diesen kalten Grundfond klären. Dafür das Gemüse putzen, den Lauch in Scheiben schneiden. Möhren, Petersilienwurzel und Fleisch durch die grobe Scheibe des Fleischwolfs drehen. Lauch, Gewürze und Eiweiße untermischen. Die Eiswürfel zugeben. Die Mischung in einem Topf mit dem kalten, entfetteten Rinderfond aufkochen, dabei ständig am Topfboden rühren, damit das Eiweiß nicht anhängt. Sobald dichter Schaum aufsteigt, nicht mehr rühren. 40 bis 45 Minuten sieden lassen. Ein Sieb mit einem Passiertuch auslegen und die Brühe durchlaufen lassen, ohne nachzuhelfen. Vor dem Servieren mit Aceto Balsamico, Sherry und wenig Salz würzen.

Butter in einem Bräter erhitzen. Ochsenschwanz, Knochen und Gemüse zugeben und im Ofen anbraten. Flüssigkeit ziehen lassen.

Unter mehrmaligem Wenden Farbe nehmen lassen. Ist die Flüssigkeit ganz verdampft, Tomatenmark zugeben und trockenrösten.

Den Wein nach und nach zugießen, zwischendurch verdampfen lassen; so verliert das Tomatenmark seine Süße, gewinnt an Farbe.

Sobald der Wein reduziert ist, Knochen mit kaltem Wasser bedecken, Kräuter einlegen. Auf dem Herd ohne Deckel leise köcheln lassen.

**Die klassische Suppe** wird erst durch das Klären mit magerem Rindfleisch und Hühnereiweiß vollständig transparent. Feingewürfeltes Rindfleisch darf als ideale Einlage gelten.

**Der Osietra-Kaviar** – russisch ossiotr – ist ein Favorit der Kaviar-Kenner. Verständlicherweise, denn das nußartige Aroma des kleinen, hartschaligen Rogens ist unvergleichlich. Er stammt von dem Osietra-Stör, der bis zu 200 kg schwer werden kann. Sein Durchschnittsgewicht liegt aber bei etwa 70 kg. Von der Entnahme des Rogens bei einem betäubten Stör bis zur Verpackung vergehen nur wenige Minuten. Frischer geht es nicht!

# Feine Kartoffelsuppen

## KALT MIT EDLEN EINLAGEN SERVIERT – EXQUISITE VORSPEISEN FÜR DIE WARMEN SOMMERMONATE.

Das Originalrezept der Vichyssoise, das neben Kartoffeln Lauch sowie weitere Gemüsesorten enthielt, wurde von einem französischen Koch namens Louis Diat ersonnen, der seine heimischen Kochtraditionen in die USA mitnahm. Die Suppe, die er nach seiner Heimatstadt Vichy benannte, wurde in einer Variante aus dem New Yorker Ritz-Carlton berühmt. Auf sie geht das folgende Rezept zurück.

**Die Vichyssoise** wird klassisch – ebenso wie die Kartoffel-Lauch-Suppe – kalt serviert. Im Winter kann man beide selbstverständlich auch warm auf den Tisch bringen.

| **Für die Vichyssoise:** |
|---|
| 450 g mehligkochende Kartoffeln, Salz |
| 60 ml lauwarme Milch |
| 20 g flüssige Butter |
| frisch gemahlener weißer Pfeffer |
| 1 Prise frisch geriebene Muskatnuß |
| 3/4 l kräftige Rinderbrühe |
| 40 g Crème fraîche |
| 80 ml Sahne, halbsteif geschlagen |
| 1 EL Schnittlauchröllchen |
| **Außerdem:** |
| 8 Wachteleier, 1 Döschen Osietra-Kaviar (32 g) |

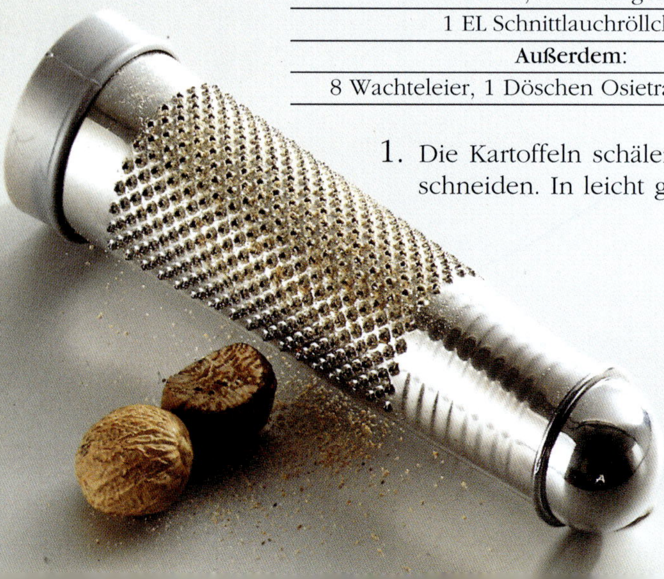

1. Die Kartoffeln schälen und in Würfel schneiden. In leicht gesalzenem Wasser weich kochen, abgießen, ausdampfen lassen und noch warm durch eine Kartoffelpresse in eine Schüssel drücken. Die Milch und die Butter mit einem Schneebesen unterrühren und mit Salz, Pfeffer und Muskatnuß würzen.

2. Die Brühe zum Kochen bringen. Das Kartoffelpüree und die Crème fraîche mit dem Schneebesen einrühren. 10 Minuten bei schwacher Hitze köcheln lassen. Vom Herd nehmen und erkalten lassen, dabei immer wieder umrühren. Soll es schnell gehen, den Topf in eine Schüssel mit Eiswasser stellen und die Suppe kaltrühren.

3. Die Wachteleier 7 Minuten kochen. Vorsichtig herausheben, kalt abschrecken, schälen und längs halbieren.

4. Die Suppe mit dem Handmixer aufschlagen, Sahne unterheben und Schnittlauch einstreuen. Auf Teller verteilen, mit je 4 Eihälften garnieren, den Kaviar darauf anrichten und servieren.

| **Für die Kalte Kartoffel-Lauch-Suppe (ohne Abbildung):** |
|---|
| 300 g mehligkochende Kartoffeln |
| 40 g weiche Butter |
| 1 Prise Salz, frisch gemahlener weißer Pfeffer |
| 50 ml Weißwein, 3/4 l Gemüsefond |
| 100 g frische Kräuter (Petersilie, Kerbel, Estragon, Dill) |
| 250 g Lauch, 1 TL Zitronensaft, 1 TL Aceto Balsamico |
| 2 bis 3 Tropfen Tabasco, 150 g Crème fraîche |

1. Kartoffeln schälen und in Scheiben schneiden. 20 g Butter in einem Topf zerlassen und die Kartoffeln darin anschwitzen. Salzen, pfeffern und mit Wein ablöschen. Den Gemüsefond zugießen und die Kartoffeln bei schwacher Hitze garen.

2. Die Kräuter waschen, trocknen und die Blätter abzupfen. Mit der restlichen Butter im Mixer fein pürieren und die Kräuterbutter kalt stellen.

3. Inzwischen Lauch der Länge nach halbieren, waschen, in Scheiben schneiden und etwa 10 Minuten in der Suppe mitgaren, im Mixer pürieren. Gekühlte Kräuterbutter hinzufügen und nochmals durchmixen. Die Suppe passieren und mit Zitronensaft, Balsamico und Tabasco würzen. Gut gekühlt und mit Crème fraîche verfeinert servieren. Als Einlage für die Suppe sind wie im vorherigen Rezept Kaviar und Wachteleier – lauwarm als Spiegeleier – oder Räucherlachs zu empfehlen.

# Elsässer Linsensuppe

## HERZHAFTER LINSENEINTOPF MIT KNUSPRIGEM BROT UND EINEM SILVANER SERVIERT – EINE FÜR DIE REGION TYPISCHE MAHLZEIT.

Zu einem »Potage au Lentilles à l'Alsacienne« passen am besten elsässische »Cervelas«. Die Brühwürste aus Rindfleisch mit Schwarten, Speck und Gewürzen erhalten ihren typischen Geschmack während eines einstündigen Räuchervorgangs im sogenannten »fumoir« (Rauchzimmer). Sollten die Cervelas nicht erhältlich sein, kann man sie auch durch Fleischwurst im Ring oder Lyoner ersetzen.

| |
|---|
| 150 g braune Berglinsen |
| 100 g luftgetrockneter, durchwachsener Speck |
| 60 g Zwiebel, 1 Knoblauchzehe |
| 250 g Möhren |
| 300 g festkochende Kartoffeln |
| 150 g Lauch, 1 EL Pflanzenöl |
| 2 EL gehackte Petersilie |
| 2 Nelken, 1 Lorbeerblatt |
| Salz, frisch gemahlener Pfeffer |
| 1 1/2 l Rinderbrühe |
| **Außerdem:** |
| 300 g Cervelas |
| 1 EL gehackte Petersilie zum Bestreuen |

1. Die Linsen in ein Sieb schütten und unter fließendem kaltem Wasser abspülen. In einer Schüssel mit frischem Wasser bedecken und über Nacht einweichen lassen. Am nächsten Tag in einem Sieb gut abtropfen lassen.

2. Den Speck in kleine Würfel schneiden. Die Zwiebel und den Knoblauch schälen und fein hacken. Die Möhren und die Kartoffeln putzen beziehungsweise waschen, schälen und in 1/2 cm große Würfel schneiden. Den Lauch putzen, waschen und in 1/2 cm breite Ringe schneiden.

3. Das Öl in einem entsprechend großen Topf erhitzen und die Speck-, Zwiebel- und Knoblauchwürfel darin glasig anschwitzen. Die Möhren, die Kartoffeln und den Lauch zugeben und 3 bis 4 Minuten mitschwitzen.

4. Die Petersilie, die Nelken und das Lorbeerblatt zugeben, salzen und pfeffern. Die Brühe zugießen und die Linsen einstreuen. Alles zusammen einmal aufkochen, die Hitze reduzieren und 45 Minuten köcheln lassen.

5. Die Nelken und das Lorbeerblatt herausnehmen. Die Hälfte der Suppe portionsweise im Mixer fein pürieren und zur restlichen Suppe zurück in den Topf geben.

6. Die Würste häuten, in 3 mm dicke Scheiben schneiden und einrühren. Die Suppe erneut erhitzen und noch 5 Minuten köcheln lassen. Die Suppe auf Teller verteilen und mit Petersilie bestreut servieren.

**Zum Abtropfen** des Safts das Tomatenpüree auf ein entsprechend großes, sauberes Tuch geben, die Zipfel oben zusammenfassen und mit Küchengarn verschnüren. Den so entstandenen Beutel aufhängen und den Saft auffangen.

# Tomatenessenz mit Seeteufel

KLASSISCH WIRD SIE KALT SERVIERT, ABER AUCH HEISS SCHMECKT SIE GANZ VORZÜGLICH.

Es empfiehlt sich, die Tomatenessenz am Vortag des Essens zuzubereiten, da ihre Herstellung langwierig ist. Nur wenn die Essenz über mehrere Stunden ganz ohne äußeren Druck durch ein Tuch läuft, wird sie vollständig klar und liefert so die Grundlage für eine leicht gelierende, erfrischende Sommersuppe.

| |
|---|
| **Für die Tomatenessenz:** |
| 1,2 kg reife Tomaten, 30 g Stangensellerie |
| 50 g Zwiebel, 2 Knoblauchzehen |
| 20 g frische Basilikumblätter |
| 10 Pfefferkörner |
| 1/2 TL grobes Meersalz |
| 2 Blatt weiße Gelatine |
| **Für den Pesto:** |
| 25 g frische Basilikumblätter |
| 1 Knoblauchzehe |
| 10 g Pinienkerne, Salz |
| 30 ml natives Olivenöl extra |
| **Außerdem:** |
| 200 g Seeteufelfilet |
| 1 EL Olivenöl für die Form |
| 3 EL Fischfond, 100 g Tomaten |
| Basilikumblättchen zum Garnieren |

1. Die Tomaten waschen, die Stielansätze entfernen und das Fruchtfleisch klein schneiden. Den Stangensellerie putzen und waschen, die Zwiebel und den Knoblauch schälen und alles klein schneiden. Tomaten, Sellerie, Zwiebel, Knoblauch, Basilikum, Pfeffer und Salz im Mixer fein pürieren.

2. Das gewürzte Tomatenpüree, wie im Bild oben links gezeigt, durch ein Tuch abtropfen lassen und den Saft in einer Schüssel auffangen, das ergibt etwa 3/4 Liter Flüssigkeit. Aufhängen kann man den Beutel an einem horizontal befestigten Besenstiel oder an den Beinen eines umgedrehten Stuhls.

**Das Seeteufelfilet** wird mit Pesto bestrichen und schonend im Ofen gegart. Es wird dadurch saftig-zart und verbindet sich auf das Feinste mit dem Aroma der Basilikumsauce.

3. Die Gelatine in kaltem Wasser einweichen, ausdrücken und in eine Schüssel geben. Diese in ein Wasserbad stellen. Die Gelatine schmelzen lassen und in die Tomatenessenz einrühren. Die Mischung in den Kühlschrank stellen, bis sie leicht zu gelieren beginnt.

4. Für den Pesto das Basilikum waschen, gründlich trockenschleudern und grob schneiden. Die Knoblauchzehe schälen und grob hacken. Nach Geschmack die Pinienkerne in einer beschichteten Pfanne ohne Fett anrösten, sie gewinnen dadurch an Aroma.

5. Den Knoblauch, das Salz und die Pinienkerne in einem Mörser kräftig zermahlen. Das Basilikum zugeben und gut einarbeiten. Das Olivenöl in dünnem Strahl – wie bei einer Mayonnaise – langsam einlaufen lassen und sorgfältig unterrühren.

6. Das Fischfilet kurz unter fließendem kaltem Wasser abspülen und vorsichtig trockentupfen. Rundherum mit Pesto einstreichen. Eine feuerfeste Form mit Olivenöl ausstreichen und das Fischfilet einlegen. Bei 180 °C im vorgeheizten Ofen etwa 10 Minuten garen. Nach 5 Minuten den Fischfond angießen. Das Filet aus dem Ofen nehmen und etwas abkühlen lassen.

7. Die Tomaten blanchieren, kalt abschrecken, häuten und vierteln. Die Stielansätze und Samen entfernen und das Fruchtfleisch in feine Streifen schneiden.

8. Die Tomatenessenz in Suppentassen füllen. Das Fischfilet quer in Streifen schneiden und zusammen mit den Tomatenstreifen in die Suppe legen. Mit Basilikum garniert servieren.

**Gemüsepaprika** (*Capsicum annuum* var. *annuum*) wachsen an der aufrechten, buschartigen Paprikapflanze. Sie blüht und fruchtet kontinuierlich, so daß sich die Ernte der Beerenfrüchte über einen entsprechend langen Zeitraum erstreckt. Alle Schoten durchlaufen erst ein grünes, unreifes Stadium. Bleiben sie an der Pflanze hängen, bis sie ausgereift sind, werden sie gelb oder rot.

# Paprikasuppe

## IN VERSCHIEDENEN FARBEN ZUBEREITET – UND DER KREATIVITÄT AUF DEM SUPPENTELLER IST KEINE GRENZE MEHR GESETZT.

Will man für eine größere Zahl von Gästen Farbe auf den Tisch zaubern, sollte man zusätzlich zum folgenden Rezept, das für 4 Personen berechnet ist, eine Version mit gelben Paprikaschoten zubereiten. Wenn man zusätzlich eine grüne Suppe aus der halben Menge der Zutaten herstellt, kann man mit verschiedenfarbigen Suppenklecksen vielfältige Effekte erzielen. Wer Suppen mit einem kräftigen Geschmack und intensiver Farbe bevorzugt, kann die Schoten mit Haut verarbeiten. Gehäutete Paprika verleihen der Suppe ein zarteres Aroma und lassen den Grundfond stärker zur Geltung kommen. Neben Geflügelfond eignen sich auch Kalbs-, Rinder- oder Fischfond.

| |
|---|
| 800 g Paprikaschoten einer Farbe |
| 50 g Schalotten, 1 Knoblauchzehe |
| 5 g frische Ingwerwurzel |
| je 1 Zweig Thymian, Petersilie und Rosmarin |
| 3 EL Öl, 1 gestrichener Teelöffel Zucker |
| 2 EL Zitronensaft, 1/2 l Geflügelfond |
| 1/8 l Sahne, 1 TL Salz |
| frisch gemahlener weißer Pfeffer |

Die Paprikaschoten waschen und häuten. Dafür die Schoten bei 220 °C im vorgeheizten Ofen backen, bis die Haut »Blasen wirft« und bräunt. Unter ein feuchtes Tuch oder in eine Plastiktüte legen und schwitzen lassen. Die Haut von oben nach unten abziehen. Die Schoten der Länge nach halbieren, Samen und Scheidewände entfernen und das Fruchtfleisch in Streifen schneiden. Die Schalotten schälen und fein hacken. Den Knoblauch schälen und mit einem Messerrücken andrücken. Den Ingwer schälen und fein reiben. Den Thymian-, Petersilien- und den Rosmarinzweig mit Küchenzwirn zusammenbinden. Die Suppe zubereiten wie in der Bildfolge beschrieben und vor dem Servieren erneut erwärmen. Hat man das Grundrezept in mehreren Farben variiert, schöpft man einen Suppenlöffel gelbe oder rote Suppe in einen Teller, fügt einen andersfarbigen Suppenklecks hinzu und verzieht ihn nach Belieben mit der Gabel.

Das Öl in einem Topf erhitzen und die Schalotten mit dem Zucker darin anschwitzen.

Zitronensaft unterrühren und die Paprikastreifen unter gelegentlichem Rühren 5 Minuten dünsten.

Fond zugießen, aufkochen und 10 Minuten köcheln lassen, Sahne weitere 5 Minuten mitköcheln lassen.

Knoblauch und Kräuter zugeben. Mit Salz, Pfeffer sowie Ingwer würzen und weiterköcheln lassen.

Kräuter und Knoblauch wieder entfernen. Die Suppe im Mixer fein pürieren und durch ein Sieb passieren.

**Wermut** wird aus Wein und den Bitterstoffen des Wermutkrauts hergestellt. Die Firma »Noilly Prat« in Marseille gilt als Erfinder des französischen »Vermouth«. Dort wird dieser 5 Jahre unter freiem Himmel in Eichenfässern gelagert, wodurch er seinen besonderen Charakter erhält. Im Angebot sind die Sorten Blanc, Rouge, Extra Dry und French Dry, wobei vor allem letzterer in der Gourmetküche eine wichtige Rolle spielt.

# Safran-Fischsuppe

## WEISSWEIN UND WERMUT VERLEIHEN IHR EIN FEINES AROMA, SAFRAN DIE SCHÖNE FARBE.

Die feine französische Fischsuppe wird auf der Basis eines eigens hergestellten Fonds zubereitet. Wenn es einmal schnell gehen soll, kann man aber auch einen fertigen Fischfond verwenden, der in guter Qualität im Handel ist.

| |
|---|
| **Für den Fischfond:** |
| 1/2 kg Karkassen von weißfleischigen Fischen |
| 40 g Schalotten, 100 g Lauch (nur das Weiße) |
| 50 g Petersilienwurzel, 40 g Stangensellerie |
| 2 EL Pflanzenöl |
| 200 ml Weißwein, 50 ml Noilly Prat |
| 1 Lorbeerblatt |
| 1 bis 2 Zweige Thymian |
| 1/4 TL weiße Pfefferkörner |
| **Für die Einlage:** |
| 100 g Seeteufelfilet |
| 100 g Seezungenfilet |
| 100 g Lachsfilet |
| Salz, frisch gemahlener Pfeffer |
| 30 g Schalotten, 40 g Lauch (nur das Weiße) |
| 20 g Petersilienwurzel, 20 g Stangensellerie |
| 40 g Möhren |
| 3 EL Pflanzenöl |
| **Außerdem:** |
| einige Safranfäden |
| 50 g eiskalte Butter |
| einige Dillzweige |

1. Für den Fond aus den Fischköpfen die Kiemen entfernen und die Karkassen grob zerkleinern. In einer Schüssel unter fließendem kaltem Wasser 20 Minuten wässern, bis das Wasser frei von Trübstoffen und klar ist. Die Karkassen in einem Sieb abtropfen lassen.

**Noch feiner,** allerdings auch etwas üppiger, wird die Fischsuppe, wenn man 10 Minuten vor Ende der Garzeit 80 ml Sahne mitköcheln läßt und erst dann die eiskalte Butter einmontiert.

2. Die Schalotten schälen und fein würfeln. Das Gemüse putzen, den Lauch in Ringe schneiden, Petersilienwurzel und Sellerie grob würfeln.

3. Das Öl in einem entsprechend großen Topf erhitzen und die Karkassen darin unter ständigem Wenden 3 bis 4 Minuten hell angehen lassen. Das Gemüse zugeben und unter häufigem Wenden

kurz mitschwitzen. Sobald die Fisch-Gemüse-Mischung zu köcheln beginnt, den Wein und den Noilly Prat angießen, langsam erhitzen und leicht eindampfen lassen. 1 l Wasser zugießen, Lorbeerblatt, Thymian und Pfefferkörner zugeben. Den Fond aufkochen lassen, dabei bindet geronnenes Eiweiß Trüb- und Schwebstoffe und steigt als Schaum an die Oberfläche. Diesen Schaum mehrmals abschöpfen. Nach 20 bis 30 Minuten leisen Köchelns ein Spitzsieb mit einem Passiertuch auslegen und den Fond durchlaufen lassen, ohne nachzuhelfen. Es sollte 1 l Fond übrigbleiben.

4. Für die Einlage die Fischfilets unter fließendem kaltem Wasser kurz abspülen und mit Küchenpapier trockentupfen. Die Filets in 3 cm große Stücke schneiden, salzen und pfeffern. Das Gemüse schälen beziehungsweise putzen und in 5 cm lange, feine Streifen (Julienne) schneiden. Die Gemüsestreifen in kochendem Salzwasser 1 bis 2 Minuten blanchieren, herausnehmen und abtropfen lassen.

5. Das Öl in einer Pfanne erhitzen, die Fischstücke darin rundherum 1 bis 2 Minuten anbraten und wieder herausnehmen.

6. Den Fond nochmals erhitzen, die Safranfäden einstreuen und mit Salz und Pfeffer abschmecken. Die eiskalte Butter in Stücke schneiden, zufügen und die Suppe mit dem Pürierstab aufmixen. Die Fischstücke und die Julienne in vorgewärmten Tellern anrichten und mit der Suppe umgießen. Mit Dill garnieren und sofort servieren.

**Mit dem Begriff Confit** bezeichnet man in Salz und Fett haltbar gemachte Fleischstücke von Gänsen, Enten oder Schweinen. Die traditionelle Konservierungsmethode ist ein südwestfranzösisches Spezialverfahren. Confit wird häufig kalt gereicht, darf aber auch bei klassischen Gerichten wie dem Cassoulet oder der Garbure nicht fehlen.

# Garbure

## EIN GASKOGNISCHER EINTOPF – MIT DREIERLEI FLEISCH, GEMÜSE UND FRISCHEN KRÄUTERN.

Der Gemüseeintopf gehörte ursprünglich zur Küchentradition der Gascogne, einer Provinz im Südwesten Frankreichs, er hat aber in zahlreichen Variationen Eingang in viele Regionalküchen des Landes gefunden. Typisch gaskognisch wird er mit Confit zubereitet. Außerdem lassen Gascogner, die noch etwas auf ihr kulinarisches Erbe halten, einen Rest Brühe auf dem Teller zurück und spülen ihn mit Rotwein hinunter. Im lokalen Dialekt heißt dieses kleine Ritual »le chabrot«. Vielerorts in Frankreich gart man die Kartoffeln und das Gemüse für die »garbure« getrennt und schichtet sie dann abwechselnd mit dem Fleisch in eine Terrine. Anschließend wird das Gericht mit frisch gemahlenem Pfeffer gewürzt, mit Käse bestreut und im Ofen gratiniert.

**Vor dem Servieren** legt man in jeden Suppenteller 1 Scheibe Brot, verteilt den Gemüseeintopf darauf und bestreut ihn mit Petersilie.

| |
|---|
| **Für 6 Portionen** |
| **Für die Gemüsesuppe:** |
| 150 g getrocknete weiße Bohnen |
| 500 g gepökeltes Schweinefleisch |
| 200 g luftgetrockneter Schinken |
| 100 g Zwiebeln |
| 4 Knoblauchzehen |
| 250 g Weiße Rübchen |
| 200 g Möhren |
| 100 g Lauch |
| 80 g Stangensellerie |
| 300 g Weißkohl |
| 600 g festkochende Kartoffeln |
| etwa 2 l Fleischbrühe |
| Salz, frisch gemahlener Pfeffer |
| **Für das Bouquet garni:** |
| 1 Lorbeerblatt |
| 3 Zweige Petersilie |
| je 1 Zweig Thymian, Oregano |
| 1 Zweig Rosmarin |
| **Außerdem:** |
| einige Stücke Gänseconfit, in Würfel geschnitten |
| französisches Landbrot, in Scheiben geschnitten |
| 1 EL gehackte Petersilie |

1. Die Bohnen in einer Schüssel mit kaltem Wasser bedecken und über Nacht einweichen. Am nächsten Tag das Wasser abgießen und die Bohnen in einem Sieb gut abtropfen lassen.

2. Das Fleisch in etwa 1 1/2 cm große Stücke schneiden. Den Schinken in Würfel von 1/2 cm Kantenlänge schneiden. Die Zwiebeln schälen und grob hacken. Den Knoblauch schälen und quer halbieren. Die Rübchen schälen, vierteln und in Scheiben schneiden. Die Möhren schälen und in Scheiben schneiden. Den Lauch und den Sellerie putzen, waschen und in Scheiben schneiden. Den Weißkohl vierteln, den Strunk entfernen und das Kraut in Stücke schneiden. Die Kartoffeln waschen, schälen und in 1 1/2 cm große Würfel schneiden.

3. Das Fleisch, den Schinken und die Bohnen in einem entsprechend großen Topf mit der Fleischbrühe bedecken. Zum Kochen bringen und die Hitze reduzieren. Das Bouquet garni und den Knoblauch einlegen, mit Salz und Pfeffer würzen. 40 Minuten köcheln lassen.

4. Das Gemüse – außer dem Kohl – untermischen und weitere 15 Minuten köcheln lassen. Den Weißkohl sowie das Confit einrühren und die Suppe weitere 20 bis 25 Minuten köcheln lassen. Mit Salz und Pfeffer abschmecken.

# Fleischeintopf mit Safran

## IN DER PROVENCE KOMMT DIESES REICHHALTIGE GERICHT TRADITIONSGEMÄSS ZU OSTERN AUF DEN TISCH.

**Qualitätsgeflügel** hat seinen Preis: Bresse-Hühner beispielsweise werden von einem Erzeugerring der gleichnamigen Region im Osten Frankreichs unter einem eigenen Gütesiegel angeboten. Es garantiert strenge Kontrollen von Futter, Mastalter, Besatzdichte in Stall- und Auslauffläche. Das Geflügel aus den Züchtungen des Rings ist von konstant hoher Qualität und sein Geld wert.

Als ersten Gang reicht man die Brühe mit geröstetem Brot, als zweiter Gang werden Fleisch und Gemüse auf einer vorgewärmten Platte serviert. Die hier vorgesehenen weißen Rübchen (französisch navets) haben einen milden, aber charakteristischen, an Rettich erinnernden Geschmack. Navets sind in Frankreich sehr beliebt und das ganze Jahr über erhältlich. Dies ist bei uns leider nicht der Fall. Hier sind am ehesten die ihnen verwandten Teltower Rübchen zu bekommen, die die Navets notfalls ersetzen können.

| **Für 6 Portionen** |
|---|
| 1 küchenfertige Poularde, etwa 1,5 kg |
| 850 g Rindfleisch (etwa Tafelspitz) |
| 300 g luftgetrockneter Schinken |
| 100 g Stangensellerie |
| 1 Zwiebel von 100 g, 2 Nelken |
| 1 Lorbeerblatt, 5 zerstoßene Pfefferkörner |
| 4 Stengel Petersilie, Salz, 1 Döschen Safranpulver |
| **Außerdem:** |
| 250 g Weiße Rübchen, 150 g Lauch |
| 80 g Stangensellerie, 250 g junge Möhren |

1. Die Poularde unter fließendem kaltem Wasser innen und außen gründlich waschen, abtropfen lassen. Das Geflügel, das Rindfleisch und den Schinken in einem entsprechend großen Topf mit kaltem Wasser knapp bedecken.

2. Den Stangensellerie putzen und in gleichmäßige Stücke schneiden. Die Zwiebel schälen und mit den Nelken sowie dem Lorbeerblatt spicken. Den Sellerie, die Zwiebel, die Pfefferkörner und den Petersilienstengel zu dem Fleisch geben. Je nach Salzgehalt des Schinkens den Topfinhalt leicht salzen.

3. Alles zum Kochen bringen, die Hitze reduzieren und den Eintopf 1 1/2 bis 2 Stunden köcheln lassen, dabei immer wieder den aufsteigenden Schaum abschöpfen.

4. Die Weißen Rübchen schälen und je nach Größe vierteln oder achteln. Den Lauch putzen, waschen und in 2 cm dicke Scheiben schneiden. Den Stangensellerie putzen und in etwa 3 cm lange Stücke schneiden. Die Möhren so putzen und schälen, daß noch ein kleines Stück vom Grün stehen bleibt.

5. Rindfleisch, Poularde und Schinken aus der Brühe heben. Die Brühe durch ein feines Sieb passieren, zurück in den gesäuberten Topf gießen und das Safranpulver einstreuen. Die Weißen Rübchen und die Möhren 10 Minuten mitköcheln lassen. Den Lauch und den Sellerie zufügen und weitere 8 bis 10 Minuten mitköcheln lassen, abschmecken. Das Fleisch in Scheiben schneiden. Die Poularde in 8 bis 10 Teile teilen, den Schinken in Stücke schneiden.

6. Fleisch, Poularde und Schinken zurück in die Brühe legen und erneut erwärmen. Mit dem Gemüse auf Tellern anrichten und servieren.

# Hummersuppe

## GEKOCHT AUS KARKASSEN – GEHÖRT ZUM FEINSTEN, WAS DIE SUPPENKÜCHE ZU BIETEN HAT.

Die Garzeit von Hummer orientiert sich an seinem Gewicht, für die ersten 500 g rechnet man 10 bis 12 Minuten; für die zweiten 500 g weitere 10 und für jede weitere 500 g nur noch 5 Minuten.

| |
|---|
| 2 lebende Hummer (je etwa 650 g) |
| 2 cl Olivenöl, 2 cl Cognac, 30 g Schalotten |
| 80 g weiße Zwiebeln, 1 Knoblauchzehe |
| 60 g Lauch, 70 g Möhre, 60 g Stangensellerie |
| 200 g reife Tomaten, 20 g Butter, 1 Nelke |
| 3 zerdrückte Wacholderbeeren, 1 Lorbeerblatt |
| je 1 Zweig Thymian und Estragon |
| 1 EL doppelt konzentriertes Tomatenmark |
| 200 ml Weißwein, 100 ml Noilly Prat |
| 1 l Fischfond, 1 TL Mehl |
| Salz, frisch gemahlener weißer Pfeffer |
| 100 ml Sahne, halbsteif geschlagen |
| **Außerdem:** |
| 60 g dünne Bandnudeln (etwa 2 mm breit) |
| Estragonzweige zum Garnieren |

1. Die Hummer nacheinander kopfüber in sprudelnd kochendes Wasser einlegen und sofort den Deckel auflegen. Die Hitze reduzieren und die Hummer je 10 Minuten köcheln lassen. Darauf achten, daß der zweite Hummer erst ins Wasser kommt, wenn dieses erneut sprudelnd kocht. Die Hummer in kurz in Eiswasser legen, herausnehmen und abkühlen lassen.

2. Die Hummer fest auf die Arbeitsplatte drücken und mit einem scharfen Messer am Kopf beginnend entlang der Mittelnaht längs teilen. Den Magensack herausziehen. Corail und Leber herausnehmen und beiseite stellen. Den Darm entfernen. Die Schwanzhälften jeweils vom Kopfteil abdrehen, das Hummerfleisch herausnehmen und beiseite stellen. Die Scheren abdrehen, mit einem schweren Messer anklopfen und zur Seite stellen. Die Beine abdrehen und mit dem Rücken eines schweren Messers leicht anschlagen.

3. Die Hummerkarkassen (auch die Beine) unter fließendem kaltem Wasser sorgfältig waschen und trocknen lassen. Die Karkassen in kleine Stücke schneiden, hacken oder im Mörser zerstoßen. Das Öl in Wok oder Pfanne erhitzen, die Karkassen portionsweise darin hell angehen lassen und mit Cognac ablöschen, beiseite stellen.

**Angrichtet mit einer geknackten Schere,** optisches wie geschmackliches Highlight: Denn in den dicken Scheren steckt noch jede Menge köstliches Hummerfleisch. Als Getränk zur delikaten Suppe paßt ein Chablis.

4. In der Zwischenzeit die Schalotten und die Zwiebeln schälen und in Ringe schneiden. Den Knoblauch schälen und fein hacken. Den Lauch, die Möhre und den Sellerie waschen, putzen und in Scheiben schneiden. Die Tomaten waschen, vom Stielansatz befreien und achteln. Die Butter in einem Topf zerlassen und das Gemüse darin anschwitzen. Die Gewürze und die Kräuter mitschwitzen. Das Tomatenmark unterrühren und alles noch 2 Minuten köcheln lassen.

5. Die bereitgestellten Hummerkarkassen unter das Gemüse mischen. Mit dem Weißwein und dem Noilly Prat ablöschen und die Flüssigkeit bei geringer Hitze in etwa 30 Minuten beinahe vollständig einkochen lassen.

6. Fischfond zugießen und etwa 45 Minuten köcheln lassen, den aufsteigenden Schaum abschöpfen. Ein Spitzsieb mit einem doppelt gefalteten Passiertuch auslegen, den Sud portionsweise passieren, dabei die Zutaten kräftig auspressen. Leber und Corail mit dem Mehl glattrühren, die Suppe damit binden. Einmal aufkochen lassen, salzen, pfeffern und warm halten.

7. Die Nudeln al dente kochen und abseihen. Die Sahne unter die Suppe ziehen. Das Hummerfleisch in Stücke schneiden, mit den Scheren in der Suppe langsam erwärmen. Die Suppe in vorgewärmten Tellern mit dem Hummerfleisch, den Scheren und den Nudeln anrichten und mit einem Estragonzweig garnieren.

# Schwertmuscheln in Gemüsesuppe

## FRANKREICHS KÖCHE SIND FÜR IHRE PHANTASIE IM UMGANG MIT DEN SCHALTIEREN BERÜHMT.

Basis der Suppe ist eine separat gekochte Court-Bouillon, bei der an Weißwein nicht gespart wird. Zusätzlichen Geschmack bringt ein speziell für Fisch und Meeresfrüchte zusammengestelltes Bouquet garni aus Estragon, Thymian, Petersilie, Sellerie und unbehandelter Zitronenschale.

| |
|---|
| **Für die Court-Bouillon:** |
| 1/2 l Weißwein, 100 g Möhren, 80 g Zwiebeln |
| 50 g Stangensellerie, 60 g Lauch |
| 2 Knoblauchzehen, 1 Bouquet garni |
| 1 TL Meersalz, 5 schwarze Pfefferkörner |
| **Für die Brühe:** |
| 80 g Schalotten, 1 Knoblauchzehe, 3 EL Olivenöl |
| 40 g Tomatenmark, 700 ml Court-Bouillon |
| 2 Zweige Thymian, 1 Lorbeerblatt, 25 g Butter |
| 1/2 Döschen Safranpulver |
| Salz, frisch gemahlener Pfeffer |
| **Für die Gemüseeinlage:** |
| 60 g Stangensellerie, 120 g Zucchini |
| 150 g gelbe Paprikaschote, 200 g Fleischtomaten |
| 2 EL Olivenöl |
| **Für die Muscheln:** |
| 800 g Schwertmuscheln, 300 ml Court-Bouillon |
| **Außerdem:** |
| 2 EL gehackte Kräuter (Petersilie, Estragon) |

1. Für die Court-Bouillon den Wein und 600 ml Wasser in einen Topf gießen. Das Gemüse putzen beziehungsweise schälen und in grobe Stücke schneiden. Den Knoblauch schälen. Gemüse, Knoblauch, Bouquet garni (je 1 Zweig Estragon, Thymian und Petersilie, etwas Knollensellerie, einige Sellerieblätter und 1 Stück unbehandelte Zitronenschale), Salz und Pfefferkörner in den Topf geben. Aufkochen, die Hitze reduzieren und den Fischsud 20 Minuten leise köcheln lassen. Durch ein Sieb in einen Topf passieren.

2. Für die Brühe Schalotten und Knoblauch schälen und fein hacken. Das Öl in einem Topf erhitzen und die Schalotten sowie den Knoblauch darin farblos anschwitzen. Das Tomatenmark einrühren und mit der Court-Bouillon aufgießen. Die Thymianzweige und das Lorbeerblatt einlegen und 10 Minuten bei geringer Hitze köcheln lassen. Die Butter darin schmelzen, mit Safran, Salz und Pfeffer würzen. Die Brühe warm halten.

**Aromatisch duftet** diese Suppe mit den extra langen Muscheln. Diese können ziemlich sandig sein; für einen ungetrübten Genuß sollte man sie daher sorgfältig waschen.

3. Den Stangensellerie waschen, putzen und in dünne Scheibchen schneiden. Die Zucchini von Blüten- und Stielansatz befreien und in etwa 1 cm große Stücke schneiden. Die Paprikaschote halbieren, Stielansatz, Samen und Scheidewände entfernen und das Fruchtfleisch 1 cm groß würfeln. Die Fleischtomaten blanchieren, kalt abschrecken, häuten, die Samen entfernen und das Fruchtfleisch in kleine Würfel schneiden.

4. Das Öl in einer Pfanne erhitzen und die Selleriescheibchen sowie die Paprikawürfel darin unter gelegentlichem Rühren 5 Minuten anschwitzen. Die Zucchini und die Tomaten 5 Minuten mitschwitzen, salzen und pfeffern. Das Gemüse in die Brühe geben und noch 3 bis 4 Minuten mitköcheln lassen.

5. Die Schwertmuscheln 10 Minuten in kaltes Wasser legen, dann unter fließendem kaltem Wasser gut abbrausen und abtropfen lassen.

6. Die Court-Bouillon für die Muscheln in einem Topf zum Kochen bringen, die Muscheln einlegen, zudecken und bei nicht zu starker Hitze 5 Minuten köcheln lassen. Die Muscheln mit einem Schaumlöffel herausheben, den Muschelsud durch ein Sieb passieren und zur Brühe gießen.

7. Die Brühe mit dem Gemüse und den Muscheln in tiefen Tellern anrichten und mit den gehackten Kräutern bestreuen.

**Hühner aus Freilandhaltung** sind auf schottischen Höfen noch an der Tagesordnung; schließlich haben sie dort ja auch jede Menge Platz.

# Cock-a-leekie

## EIN TRADITIONSGERICHT AUS SCHOTTLAND: HÜHNERSUPPE MIT BACKPFLAUMEN.

Dieses Rezept beschreibt eine leichte Variante des Cock-a-leekie. Soll die Suppe sättigender sein, kann man separat gekochte Graupen zusetzen. Und wer statt des Suppenhuhns eine Poularde verwenden möchte, wählt am besten eine mit etwa 1,5 kg Gewicht. Die Kochzeit verringert sich dann allerdings auf 40 Minuten.

| |
|---|
| 1 küchenfertiges Suppenhuhn (etwa 2 kg) |
| 2 TL Salz, 50 g Zwiebel |
| 1 Stengel Petersilie, 1 Zweig Thymian |
| 1 Muskatblüte, 1/2 TL schwarze Pfefferkörner |
| 2 Pimentkörner, 1 Lorbeerblatt, 750 g Lauch |
| frisch gemahlener weißer Pfeffer und Piment |
| **Außerdem:** |
| 12 Backpflaumen ohne Stein |

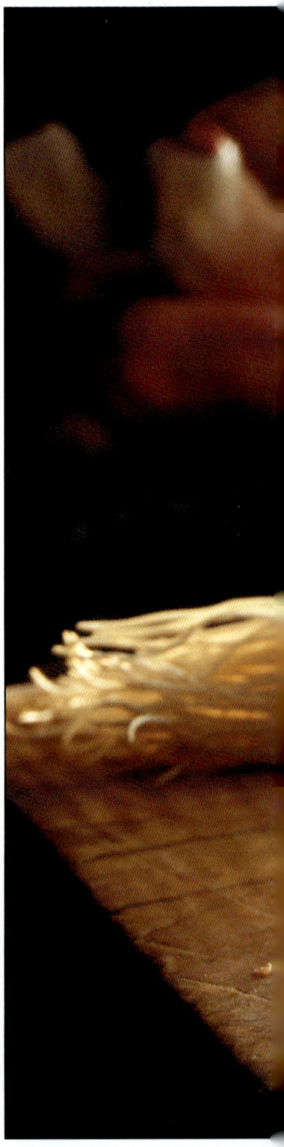

**Viel frischer Lauch** kommt in diese kräftige Hühnersuppe, der das Suppenhuhn ihren Geschmack verleiht. Wer statt dessen zarteres Fleisch bevorzugt, sollte sich für eine Poularde entscheiden.

1. Das Suppenhuhn innen und außen unter fließendem kaltem Wasser sorgfältig waschen und mit Küchenpapier trockentupfen. 2 l Wasser in einen großen Topf gießen, das Huhn einlegen und salzen.

2. Die Zwiebel schälen, halbieren und mit in den Topf geben. Den Inhalt zum Kochen bringen. Petersilie und Thymian einlegen. Muskatblüte, Pfeffer- und Pimentkörner sowie das Lorbeerblatt in ein Leinensäckchen binden und zufügen.

3. Den Lauch putzen, dabei den oberen grünen Teil entfernen, die Stangen längs halbieren, sorgfältig unter fließendem kaltem Wasser waschen und in etwa 5 cm lange Stücke schneiden; ein Viertel davon in die Suppe geben.

4. Den aufsteigenden Schaum wiederholt an der Oberfläche abschöpfen. Die Suppe bei geringer Hitze 1 1/2 Stunden langsam weiterköcheln.

5. Das weichgekochte Huhn herausnehmen, die Haut entfernen, das Fleisch von den Knochen lösen und in Stücke schneiden.

6. Die Brühe durch ein Sieb in einen Topf seihen, den beiseite gestellten Lauch einlegen und erneut aufkochen. Die Hitze reduzieren und so lange köcheln lassen, bis der Lauch gar ist. Mit Pfeffer und Piment abschmecken.

7. Das Hühnerfleisch und die Backpflaumen zugeben. Den Topf vom Herd nehmen und die Suppe noch etwa 15 Minuten durchziehen lassen.

# Irish Stew

## DER KULINARISCHE KLASSIKER MIT LAMM ODER HAMMEL VON DER WESTLICHSTEN DER BRITISCHEN INSELN.

»Stew« ist die englische Bezeichnung für Eintopf oder Schmorgericht. International bekannt geworden ist vor allem das »Irish Stew«, eine für Irland typische Zubereitung mit Hammel- oder Lammfleisch, Kartoffeln, Zwiebeln und Thymian. Doch auch in England ist diese Kombination durchaus beliebt, in Yorkshire und Lancashire etwa unter dem Namen »Hot Pot«. Auf den britischen Inseln existieren zahlreiche Abwandlungen dieses herzhaften Gerichts. In der hier vorgestellten Version wird das Irish Stew zusätzlich angereichert mit Möhren, Stangensellerie und Weißkohl. Lage für Lage schichtet man die Zutaten in einen feuerfesten Topf, wobei die erste und die letzte Schicht aus Kartoffeln bestehen sollte, und läßt dann alles langsam in ausreichend Flüssigkeit, in diesem Fall Lammfond, schmoren. Ein ebenso einfaches wie köstliches Gericht für Lammfleischliebhaber.

**Ein schwarzer Kopf** ist das Kennzeichen dieser irischen Schafrasse mit dem passenden Namen »Scottish black face«, die für ihre Fleischqualität besonders gerühmt wird.

| |
|---|
| 1 kg Lammfleisch ohne Knochen (etwa aus der Keule) |
| 250 g Zwiebeln, 150 g Möhren |
| 500 g Weißkohl |
| 80 g Stangensellerie |
| 800 g festkochende Kartoffeln |
| Salz, frisch gemahlener Pfeffer |
| 4 Zweige Thymian |
| 2 EL gehackte Petersilie |
| 1/2 l Lammfond |
| **Außerdem:** |
| gehackte Petersilie zum Bestreuen |

1. Das Lammfleisch in etwa 3 cm große Würfel schneiden. Die Zwiebeln schälen und in 3 mm dicke Ringe schneiden. Die Möhren schälen und in 1/2 cm breite Stifte schneiden. Von dem Weißkohl die äußeren Blätter entfernen, den Kohlkopf vierteln, den Strunk entfernen und das Kraut in feine Streifen schneiden oder hobeln. Den Stangensellerie putzen, die Fäden abziehen und in dünne Scheiben schneiden. Die Kartoffeln schälen und in etwa 3 mm dicke Scheiben schneiden.

2. In einen entsprechend großen, feuerfesten Topf schichtweise Kartoffeln, Lammfleisch, Zwiebeln, Möhren, Weißkohl und Stangensellerie füllen, dabei jede Schicht mit Salz, Pfeffer und den Kräutern bestreuen. Die letzte Schicht sollten Kartoffelscheiben sein.

3. Den Lammfond seitlich angießen. Den Eintopf in den auf 150 bis 160 °C vorgeheizten Ofen stellen und in 1 1/2 bis 2 Stunden garen. Dabei immer wieder den Flüssigkeitsstand prüfen und, falls nötig, noch etwas Lammfond zugießen. Die obere Kartoffelschicht sollte goldbraun sein.

4. Den Eintopf aus dem Ofen nehmen, mit etwas Petersilie bestreuen und servieren.

**Steinpilze** können leicht einmal wurmig sein. Kauft man sie auf dem Markt, sollte man sich deshalb die Pilze halbieren lassen, um sicher zu gehen, auch wirklich gute Qualität zu erhalten.

# Steinpilzsuppe

## MIT MILDGERÄUCHERTEM ROHEM SCHINKEN – EINE SPÄTSOMMERLICHE SUPPE DER EXTRAKLASSE.

Neben den auf belgischen Wiesen zahlreich wachsenden Champignons findet man auf dem Land bisweilen auch die begehrten Steinpilze. Vor allem im »Forêt de Soignes« und im hügeligen Süden des Landes – in den Ardennen – wachsen sie bei günstiger Witterung. »Ar Duenn« – »die Düstere« hieß der Gebirgszug mit seinen Sümpfen und Mooren schon bei den Kelten. Heide und Hochwald trifft man dort aber ebenso an – genau die richtige Gegend für eine Pilzwanderung. Wem nun aber das Sammlerglück weniger hold ist, oder wer sich mit dieser Spezies von Waldbewohnern weniger gut auskennt, der hat immer noch die Chance, die Pilze frisch am Markt zu kaufen.

| |
|---|
| 300 g Steinpilze |
| 150 g mildgeräucherter roher Schinken |
| 60 g Zwiebel |
| 60 g Butter |
| etwa 1 1/2 l Rinderbrühe |
| Salz, frisch gemahlener Pfeffer |
| frisch geriebene Muskatnuß |
| **Außerdem:** |
| 200 g Weißbrot vom Vortag |
| 50 g Butter |
| 100 g geputzte Steinpilze, Salz |
| frisch gemahlener Pfeffer |
| 1 EL gehackte Petersilie |

1. Die Steinpilze sehr sorgfältig putzen und längs in dünne Scheiben schneiden. Den Schinken in sehr kleine Würfel schneiden. Die Zwiebel schälen und sehr fein hacken.

2. Die Butter in einem entsprechend großen Topf zerlassen, die Zwiebel- und Schinkenwürfel darin 2 bis 3 Minuten anschwitzen. Die Pilze einlegen und

**Würzigen Genuß** verspricht diese hocharomatische Suppe mit ihrer Einlage aus gebratenen Pilz- und Weißbrotscheiben. Wenn die Pilzsaison naht, sollte man daher dieses Rezept unbedingt einmal ausprobieren.

unter Wenden kurz mitschwitzen lassen. 1/2 l Brühe angießen, einmal aufkochen lassen, die Hitze reduzieren und unter gelegentlichem Rühren 30 bis 35 Minuten köcheln lassen.

3. Den Topfinhalt durch ein feines Sieb in eine Schüssel passieren. Die restliche Brühe in dem Topf erhitzen und das durchpassierte Steinpilzpüree vollständig einrühren. Mit Salz, Pfeffer und Muskatnuß würzen. Die Suppe bei geringer Hitze 15 Minuten köcheln lassen und bei Bedarf noch etwas Brühe angießen.

4. Das Weißbrot in etwa 1/2 cm dicke Scheiben schneiden. 30 g Butter in einer Pfanne erhitzen und die Brotscheiben darin von beiden Seiten goldgelb rösten. Herausnehmen und in vorgewärmte Suppenteller legen.

5. Die geputzten Steinpilze längs in dünne Scheiben schneiden. Die restliche Butter in einer Pfanne zerlassen und die Pilzscheiben darin in 1 bis 2 Minuten braten. Leicht salzen und pfeffern.

6. Die Suppe auf die Brotscheiben in die Teller gießen, mit den gebratenen Steinpilzen anrichten und mit Petersilie bestreuen.

# Pot-au-feu von Tauben

## EIN GLANZLICHT BELGISCHER KOCHKUNST – ERST GEBRATEN, DANN POCHIERT SCHMECKEN DIE VÖGEL BESONDERS GUT.

Beim klassischen »Pot-au-feu« nach französischem Vorbild werden Fleisch und Geflügel zusammen in einem Topf gekocht, die Betonung liegt hier auf »kochen«. Bei diesem Rezept hingegen brät man die Taubenteile zunächst in Olivenöl gut an – wodurch sie ihre appetitliche Farbe erhalten –, und dann erst kommen sie in die Suppe.

| |
|---|
| 2 küchenfertige Tauben (je etwa 250 g) |
| Salz, frisch gemahlener weißer Pfeffer |
| 100 g Zwiebeln |
| 1 Knoblauchzehe |
| 100 g Stangensellerie |
| 100 g Lauch, 50 g Möhre |
| 100 g kleine Weiße Rübchen |
| 100 g rote Linsen, 5 EL Olivenöl |
| 3/4 l heller Geflügelfond |
| 1 Lorbeerblatt |
| 1 Zweig Thymian |
| **Außerdem:** |
| einige Blättchen glatte Petersilie |

1. Die Tauben innen und außen unter fließendem kaltem Wasser waschen, sorgfältig trockentupfen, halbieren und jeweils die Keulen abtrennen. Die Taubenteile salzen, pfeffern und bis zur weiteren Verwendung kühl stellen.

2. Die Zwiebeln sowie die Knoblauchzehe schälen und beides fein hacken. Stangensellerie und Lauch putzen, den Stangensellerie in dünne Scheiben und den Lauch in 2 bis 3 mm breite Ringe schneiden. Die Möhre schälen und 1/2 cm groß würfeln. Die Weißen Rübchen je nach Größe vierteln oder achteln. Das Gemüse bis zur weiteren Verwendung beiseite stellen.

3. Die Linsen in ein Sieb schütten, gründlich abbrausen und abtropfen lassen. 1 EL Öl in einem Topf erhitzen und 1/3 der Zwiebelwürfel darin kurz anschwitzen. Die Linsen untermischen, 1/4 l Wasser zugießen, aufkochen, die Hitze reduzieren und die Linsen in 10 Minuten fast gar köcheln.

4. In der Zwischenzeit das restliche Öl in einer entsprechend großen Kasserolle erhitzen, die Taubenteile darin rundum anbraten. Herausnehmen. Im verbliebenen Öl die restlichen Zwiebeln und den Knoblauch glasig anschwitzen. Das vorbereitete Gemüse kurz mitschwitzen.

5. Die gebratenen Taubenteile auflegen und mit dem Fond aufgießen. Einmal aufkochen, die Hitze reduzieren und 20 Minuten köcheln lassen. 1 TL Salz, Lorbeerblatt, Thymian sowie die gekochten Linsen zufügen, pfeffern und alles noch 5 Minuten weiter köcheln, bis die Tauben und das Gemüse weich sind.

6. Die Suppe in vorgewärmte Teller schöpfen, die Taubenstücke verteilen und jeweils mit etwas Petersilie garnieren.

# Worteltje soep mit Räucherfischmousse

AUS EINFACHEN ZUTATEN EIN EXZELLENTES MÖHRENSÜPPCHEN ZAUBERN.

Gewürze aus Südostasien sind den Holländern seit der Kolonialzeit vertraut. Teilweise wurden diese anfangs wohl noch exotisch anmutenden Zutaten auch in die heimische Küche integriert, wie etwa hier bei dieser Suppe der Fall, wo die Schärfe von frischem Ingwer den milden Möhren genau den richtigen Kontrast entgegensetzt.

| |
|---|
| **Für die Räucherfischmousse:** |
| 150 ml Fischfond, 120 g geräuchertes Forellenfilet |
| 20 g Schalotte, 1 Knoblauchzehe |
| 1 gehäufter TL Speisestärke, 1 Blatt weiße Gelatine |
| 150 ml Sahne, halbsteif geschlagen |
| Salz, frisch gemahlener Pfeffer |
| **Für die Möhrensuppe:** |
| 800 g Möhren, 150 g Zwiebeln |
| 10 g frische Ingwerwurzel, 40 g Butter |
| 1 l Gemüsefond |
| Salz, frisch gemahlener Pfeffer, 1 Prise Zucker |
| **Außerdem:** |
| Kerbelblättchen zum Garnieren |

**Möhren satt.** Gekocht aus frisch geernteten Frühsommermöhren schmeckt diese mit Ingwer exotisch gewürzte und zudem sehr vitaminreiche Suppe am besten.

**Ein Hauch Kerbel** rundet das Süppchen mit der feinen Einlage geschmacklich ab und setzt mit einem Tupfer Grün einen interessanten farblichen Akzent im leuchtenden Orangerund.

1. Für die Räucherfischmousse den Fischfond in einem Topf zum Kochen bringen. Die Forellenfilets häuten. Die Schalotten und den Knoblauch schälen und fein hacken. Forellenhaut, Schalotten- und Knoblauchwürfel 10 Minuten im Fond mitköcheln lassen. Die Forellenhaut entfernen, die Filets herausnehmen und klein schneiden.

2. Die Speisestärke mit dem Wasser anrühren und den Fond damit binden. Das Forellenfleisch einrühren und weitere 5 Minuten mitköcheln. Die Gelatine in kaltem Wasser einweichen. Den Topfinhalt im Mixer fein pürieren und in eine Schüssel füllen. Die Gelatine gut ausdrücken und unter die noch heiße Masse rühren. Sobald diese zu erstarren beginnt, die Sahne unterheben, salzen, pfeffern und die Mousse über Nacht kühl stellen.

3. Am nächsten Tag für die Suppe die Möhren schälen, 100 g beiseite legen und die restlichen in feine Würfel schneiden. Die Zwiebeln sowie den Ingwer schälen und fein würfeln. Die Butter in einem Topf erhitzen und das Gemüse darin anschwitzen. 900 ml Gemüsefond angießen und aufkochen. Die Hitze reduzieren und zugedeckt 30 Minuten köcheln lassen. Im Mixer fein pürieren, mit Salz, Pfeffer und Zucker würzen.

4. Die beiseite gelegten Möhren im restlichen Gemüsefond 5 Minuten kochen, Möhren und Garflüssigkeit unter die Suppe rühren.

5. Die Suppe in Teller schöpfen. Von der Mousse kleine Nocken abstechen und darauf anrichten. Mit Kerbel garnieren und sofort servieren.

# Zweierlei Gemüsesuppen

## EIN GAUMEN- UND AUGENSCHMAUS GLEICHERMASSEN: BUNTER KANN ES IN DER SUPPENKÜCHE NICHT ZUGEHEN.

Im klassischen Land des Gemüsebaus spielt das »Grünzeug« natürlich auch in der Küche eine bedeutende Rolle. Gerade als Suppe überzeugen Möhren, Zucchini und Co. immer wieder aufs Neue. Dabei kommt es vor allem auf die passende Würzung an. Das Besondere an diesem aus 2 verschiedenen Suppen bestehenden Gericht ist der Kontrast von der leichten, fruchtig-scharfen Möhrensuppe zur sämigen Zucchinicreme.

| **Für die Möhrensuppe:** |
| --- |
| 500 g Möhren, 40 g weiße Zwiebel |
| 5 g frische Ingwerwurzel, 1/2 frische rote Chilischote |
| 50 g Butter, 1 l Gemüsefond |
| 20 g Crème fraîche, Saft von 2 Orangen (etwa 100 ml) |
| Salz, frisch gemahlener weißer Pfeffer |
| **Für die Zucchinisuppe:** |
| 10 g getrocknete Steinpilze, 300 g Zucchini |
| 40 g Schalotten, 250 g mehligkochende Kartoffeln |
| 50 g Butter, 850 ml Gemüsefond |
| Salz, frisch gemahlener Pfeffer |
| 50 ml Sahne nach Belieben |
| **Außerdem:** |
| Kapuzinerkresseblüten zum Garnieren |

1. Für die gelbe Suppe die Möhren, die Zwiebel und den Ingwer schälen und klein würfeln. Von der Chilischote Samen und Scheidewände entfernen und das Fruchtfleisch fein hacken.

2. Die Butter in einem Topf zerlassen, Zwiebel und Ingwer darin farblos anschwitzen. Die Möhren- und Chiliwürfel 3 bis 4 Minuten mitschwitzen. Gemüsebrühe zugießen, einmal aufkochen, die Hitze reduzieren und 20 Minuten köcheln lassen. In einem Mixer fein pürieren und zurück in den Topf gießen. Die Crème fraîche und den Orangensaft unterziehen, salzen und pfeffern. Vor dem Servieren nochmals kurz erwärmen.

3. Für die grüne Suppe die Steinpilze in einer kleinen Schüssel in lauwarmem Wasser 30 Minuten einweichen. Die Pilze herausnehmen, gut ausdrücken und klein hacken. Das Einweichwasser durch ein feines Sieb passieren.

4. Von den Zucchini Blüten- und Stielansätze entfernen, die Früchte mit einem Kartoffelschäler schälen, die Schale klein schneiden und beiseite legen. Das Fruchtfleisch der Zucchini würfeln. Die Schalotten schälen und hacken. Die Kartoffeln schälen und in Würfel schneiden.

5. Die Butter in einem Topf zerlassen, die Schalotten und die Steinpilze darin farblos anschwitzen. Zucchini- und Kartoffelwürfel zugeben und 3 bis 4 Minuten mitschwitzen. Die Gemüsebrühe und das passierte Einweichwasser der Pilze zugeben. Aufkochen, die Hitze reduzieren und 15 Minuten köcheln lassen. In den letzten 3 bis 4 Minuten die kleingeschnittenen Zucchinischalen mitkochen. Alles im Mixer fein pürieren, bei Bedarf etwas Fond nachgießen. Die Suppe zurück in den Topf gießen, mit Salz und Pfeffer würzen und nach Belieben mit Sahne verfeinern. Beide Suppen dekorativ in Tellern anrichten und mit Kapuzinerkresseblüten garnieren.

**Weißkohlernte.** Kohl spielt in der dänischen Küche seit jeher eine wichtige Rolle. Gegessen wird er gerne mit Kümmel gewürzt, so wie hier.

# Gemüsetopf mit Pökelfleisch

ALLES KLEINGESCHNITTEN UND GEWÜRFELT, LAGENWEISE EINGESCHICHTET, AB IN DEN OFEN UND FERTIG IST DAS ESSEN.

Die dänische Küche kennt, entgegen mancher Annahme, keinesfalls nur Fisch. Das flache Land mit der langen Küste verfügt auch über eine entwickelte Landwirtschaft; Milchwirtschaft und Schweinezucht sind zwei wichtige Eckpfeiler derselben. Nicht von ungefähr kommt daher die dänische Vorliebe für Schweinefleisch in allen Variationen – es wird als Braten mit brauner Kruste ebenso geschätzt wie als »frikadeller«, Frikadellen auf dänisch. Beliebt sind aber auch kräftig-deftige Eintopfgerichte mit Gepökeltem, denn es sind gerade die einfachen Dinge, die die Dänen besonders schätzen. Hinein kommt dann noch verschiedenes Gemüse. Da das Klima relativ kühl ist, spielen vor allem recht unempfindliche Sorten wie Lauch, Rüben und Sellerie eine wichtige Rolle, allen voran Kohl und Kartoffeln, die auch hier nicht fehlen dürfen. Zwar etwas üppig, aber durchaus köstlich wäre zum Abschluß des Mahls ein dänischer Nachtisch, etwa ein Stück Apfelkuchen oder frische Pfannkuchen, beides natürlich mit viel Sahne – »Velbekomme«.

| |
|---|
| 1 kg gepökeltes Schweinefleisch (etwa Schulter) |
| 1 kg Weißkohl |
| 300 g Zwiebeln |
| 3 Knoblauchzehen |
| 300 g Möhren |
| 800 g festkochende Kartoffeln |
| 3 EL gehackte Petersilie |
| 1/2 TL Kümmel |
| Salz, frisch gemahlener schwarzer Pfeffer |
| 800 ml Gemüsefond |

1. Das Pökelfleisch mit einem scharfen Messer in etwa 2 cm große Würfel schneiden und bis zur weiteren Verwendung beiseite stellen.

2. Den Kohlkopf vierteln, den Strunk entfernen und das Kraut in feine Streifen schneiden. Die Zwiebeln und die Knoblauchzehen schälen und klein hacken. Die Möhren schälen und in Würfel mit 1 cm Kantenlänge schneiden. Die Kartoffeln waschen, schälen und in 2 cm große Stücke schneiden.

3. Einen entsprechend großen feuerfesten Topf mit einer Schicht Weißkohl auslegen. Darauf lagenweise die Fleischwürfel, die Kartoffeln, die Möhren, die gehackten Zwiebeln, den Knoblauch sowie die Petersilie einschichten, mit dem Kümmel bestreuen, salzen und pfeffern.

4. In einem zweiten Topf den Gemüsefond erhitzen und diesen über die Fleisch-Gemüse-Mischung gießen. Den Topf zudecken und das Gericht bei 180 °C im vorgeheizten Ofen etwa 90 Minuten garen. Abschmecken und servieren.

**Einfach und herzhaft** ist dieser schmackhafte Eintopf mit Weißkohl, Kartoffeln und Pökelfleisch. Die Dänen verstehen, aus wenig viel zu machen und Fleisch, am liebsten Schweinefleisch, und Kartoffeln gehören meist dazu.

**Das Rathaus von Kopenhagen.** Ein Wahrzeichen der um 1160 gegründeten Stadt mit den vielen Türmen, die nicht allein wegen des Tivoli berühmt ist, sondern ebenso für ihre gute Küche.

# Gulerod-Süppchen

## KOKOSMILCH UND CURRY VERLEIHEN DER EXZELLENTEN MÖHRENSUPPE EINEN ASIATISCHEN TOUCH.

Kopenhagen ist nicht nur die Stadt der kleinen Meerjungfrau, die regelmäßig mehr oder minder große Übergriffe zu ertragen hat. Kopenhagen ist auch die Stadt der verlockenden Lebensmittelauslagen, der zahlreichen Cafés, Bars und Restaurants. Einmal angekommen, trifft man allenthalben auf das gleichermaßen unvermeidliche wie köstliche »smørrebrød«. Doch auch Suppen spielen hier, wie überhaupt in Dänemark und ganz Skandinavien, eine wichtige Rolle. Suppen lieben die Dänen überraschend gewürzt und üppig – mindestens was Butter und Sahne anbelangt. So darf auch in diesem leckeren Gemüsesüppchen aus jungen Möhren ein Schuß Sahne nicht fehlen. Freilich nur als Garnitur, als dekorative Schlangenlinie obenauf, denn ihren feinen, exotischen Geschmack verdankt die Suppe der ungesüßten Kokosmilch, die unter die pürierten Möhren gehoben wird, sowie einem Löffel Currypulver, der die fernöstliche Note vervollständigt.

**Ungewöhnlicher und attraktiver Blickfang** zugleich ist diese Garnitur aus Babymöhren und halbsteif geschlagener Sahne, die dem feinen Süppchen noch den letzten Schliff verleiht.

**Zarte junge Möhren –** frisch geerntet, sind die beste Grundlage für Suppe und Dekoration. Am besten schmecken sie natürlich aus dem eigenen Garten.

| |
|---|
| 500 g Möhren |
| 50 g Frühlingszwiebeln |
| 1 EL Pflanzenöl, 1 EL Currypulver |
| 800 ml Geflügelfond |
| 300 ml ungesüßte Kokosmilch |
| Salz, frisch gemahlener weißer Pfeffer |
| 1 Prise Cayennepfeffer |
| Zitronensaft nach Belieben |
| **Zum Garnieren:** |
| 12 Babymöhren |
| 80 ml Sahne, halbsteif geschlagen |
| Petersilienblättchen |

1. Die Möhren putzen, schälen und in kleine Würfel schneiden. Die Frühlingszwiebeln putzen, waschen und grob hacken.

2. Das Öl in einem Topf erhitzen und die Frühlingszwiebeln darin hell anschwitzen. Die Möhren 3 bis 4 Minuten mitschwitzen und das Currypulver einrühren. Den Fond angießen, alles zum Kochen bringen. Die Hitze reduzieren und die Möhren zugedeckt etwa 25 Minuten köcheln lassen.

3. Den Topfinhalt mit dem Pürierstab fein pürieren. Die Kokosmilch glattrühren und unter die Möhren ziehen. Die Suppe mit Salz, Pfeffer, Cayennepfeffer und Zitronensaft würzen und noch 2 bis 3 Minuten köcheln lassen.

4. In der Zwischenzeit die Babymöhren für die Garnitur so putzen und schälen, daß noch ein kleines Stück vom Grün stehen bleibt. Die Möhrchen in kochendem Salzwasser 10 bis 12 Minuten garen, herausnehmen und gut abtropfen lassen.

5. Das heiße Möhrensüppchen in vorgewärmte Teller verteilen. Die Sahne in einen Spritzbeutel mit Lochtülle füllen und auf jede Portion eine Schlangenlinie spritzen. Mit den Babymöhren sowie den Petersilienblättchen garnieren und sofort servieren.

**Heringe – fein säuberlich in Reihen** aufgehängt. Frisch aus dem Rauch gelten die Räucherheringe der Ostseeinsel Bornholm als besondere Delikatesse. Will man sie als Einlage für die nebenstehende Erbsensuppe verwenden, rechnet man dafür etwa 250 g.

# Erbsensuppe

## EINE IN GANZ SKANDINAVIEN BELIEBTE SUPPENSPEZIALITÄT – BESONDERS FEIN AUS FRISCHEN GRÜNEN ERBSEN.

Je nach Region wird Erbsensuppe in Skandinavien aus gelben oder grünen getrockneten Erbsen zubereitet. Für dieses Rezept sind dagegen frische vorgesehen, die in Kalbsfond gekocht und dann püriert werden, was der Suppe ein angenehm frisches Gemüsearoma verleiht. Je nach persönlicher Vorliebe serviert man man die Erbsensuppe pur – garniert mit einigen Croûtons und frischen Minzeblättchen. Oder aber mit einer delikaten Räucherfisch-Einlage, wofür von Hering bis Lachs die unterschiedlichsten Sorten in Frage kommen.

| |
|---|
| 1,4 kg Erbsen in der Schale (ausgepalt etwa 600 g) |
| Salz, 100 g Zwiebeln |
| 1 Knoblauchzehe |
| 40 g Butter |
| 900 ml Kalbsfond |
| frisch gemahlener Pfeffer |
| 1 Prise frisch geriebene Muskatnuß |
| 1/8 l Sahne, halbsteif geschlagen |
| **Für die Croûtons:** |
| 60 g entrindetes Weißbrot |
| 30 g Butter |
| **Außerdem:** |
| 1 EL gehackte Minze zum Bestreuen |

1. Zunächst die Croûtons zubereiten. Dafür das Brot in 1/2 cm große Würfel schneiden. Die Butter in einer Pfanne zerlassen und die Brotwürfel darin unter Rühren goldgelb rösten Die Croûtons aus der Pfanne nehmen und bis zur weiteren Verwendung beiseite stellen.

2. Die Erbsen auspalen. 100 g davon in leicht kochendem Salzwasser 5 Minuten köcheln lassen, abseihen, kalt abschrecken und zur Seite stellen.

3. Die Zwiebeln sowie die Knoblauchzehe schälen und fein hacken. Die Butter in einem Topf zerlassen und die Zwiebel- und Knoblauchwürfel darin glasig anschwitzen. Die restlichen Erbsen zugeben und 5 Minuten mitschwitzen. Den Kalbsfond angießen. Mit Salz, Pfeffer und Muskatnuß würzen. Alles bei reduzierter Hitze 10 Minuten köcheln lassen.

4. Den Topfinhalt mit dem Mixstab fein pürieren und durch ein feines Sieb in einen Topf oder in eine Suppenterrine passieren. Die halbsteif geschlagene Sahne vorsichtig unterziehen. Die blanchierten Erbsen untermengen und die Suppe abschmecken.

5. Die Erbsensuppe in vorgewärmte Teller verteilen und mit den Croûtons anrichten. Nach Belieben mit etwas gehackter Minze bestreuen und heiß servieren.

**Mühsam ist das Auspalen** der Schoten, doch die Arbeit lohnt. Abgerundet wird diese feine Erbsensuppe mit etwas halbsteif geschlagener Sahne, blanchierten Erbsen und Croûtons.

# Fischsuppe

## AUF DER GRUNDLAGE EINES SELBSTGEMACHTEN SUDS AUS KARKASSEN UND WURZELGEMÜSE.

Frischer Fisch spielt in der Küche Norwegens eine noch größere Rolle als in den skandinavischen Nachbarländern. Vor allem Kabeljau, der, sofern man ihn nicht trocknet, fast immer gekocht wird.

| |
|---|
| **Für den Fischfond:** |
| 1,2 kg Schellfisch oder Kabeljau, ausgenommen |
| 50 g Schalotten, 100 g Lauch (nur das Weiße) |
| 50 g Petersilienwurzel |
| 40 g Stangensellerie, 2 EL Pflanzenöl |
| 1/4 l Weißwein |
| 1 Lorbeerblatt, 10 weiße Pfefferkörner |
| **Für die Suppe:** |
| 80 g Zwiebeln, 100 g Lauch, 120 g Möhren |
| 800 g Kartoffeln, 40 g Butter, 1 TL Currypulver |
| Salz, frisch gemahlener weißer Pfeffer |
| **Außerdem:** |
| 1 EL gehackter Dill |

1. Von dem Fisch den Kopf abschneiden. Mit einem Tuch am Schwanz festhalten und die Flossen in Richtung Kopf abschneiden. Die Schuppen ebenfalls in Richtung Kopf abschaben. Den Fisch sorgfältig unter fließendem kalten Wasser innen und außen waschen. Filetieren und die Filets bis zur weiteren Verwendung kühl stellen. Die Kiemen aus dem Kopf entfernen, sie würden den Fond bitter machen. Die Gräten und den Kopf unter fließendem kaltem Wasser 20 Minuten wässern, bis das Wasser klar ist. Gut abtropfen lassen.

**Fischsuppe vom Feinsten:** Für dieses norwegische Nationalgericht gibt es viele Zubereitungsarten – jede Familie kennt ihr Spezialrezept, mal mit saurer Sahne, mal mit Eigelb. Hier eine delikate, klare Version mit Filetstückchen, die nur kurz in der Suppe ziehen, und frischem Dill.

**Einsame Bauernhäuser** – verstreut in der Weite der norwegischen Landschaft – sind im Innern meist sehr behaglich. Kein Wunder, denn der wichtigste Raum im Haus war und ist bis heute die Küche.

2. In der Zwischenzeit die Schalotten, den Lauch, die Petersilienwurzel und den Stangensellerie putzen und grob würfeln.

3. Das Öl in einem großen Topf erhitzen und die Karkassen (Gräten, Kopf, Schwanz und Fleischabgänge) darin unter ständigem Wenden 4 Minuten hell angehen lassen. Das Gemüse zufügen und

bei reduzierter Hitze unter häufigem Wenden leicht angehen lassen. Sobald die Mischung zu köcheln beginnt, den Wein angießen und leicht eindampfen lassen. 1,2 l Wasser angießen, Lorbeerblatt und Pfefferkörner zugeben. Alles aufkochen, dabei den aufsteigenden Schaum mehrmals abschöpfen. Bei geringer Hitze 20 Minuten köcheln lassen. Ein Spitzsieb mit einem Passiertuch auslegen und den Fond langsam in einen Topf durchlaufen lassen, ohne nachzuhelfen.

4. Zwiebeln schälen, halbieren und in Scheiben schneiden. Den Lauch putzen und waschen, die Möhren schälen und beides in Julienne schneiden. Die Kartoffeln schälen und 1 cm groß würfeln. Die Butter in einem Topf zerlassen und die Zwiebeln darin glasig anschwitzen. Mit Currypulver bestauben und den Fischfond zugießen – bei Bedarf die benötigte Menge mit Wasser ergänzen. Die Kartoffeln 10 Minuten mitköcheln, salzen und pfeffern. Die Julienne zugeben und alles noch 5 Minuten köcheln lassen.

5. Die Fischfilets in 2 cm große Stücke schneiden und in der Suppe 3 bis 4 Minuten garziehen lassen. Abschmecken, mit etwas gehacktem Dill bestreuen und servieren.

**Frischer Spargel** ist, wie anderes Frischgemüse auch, in Norwegen relativ teuer, weil es in der Regel importiert werden muß. Da Spargel aber hervorragend zum feinen Lachsgeschmack paßt, sollte man dennoch zugreifen – insbesondere in Gegenden, in denen die Stangen erschwinglicher sind.

# Lachsklößchensuppe

LACHS GEHÖRT ZU NORWEGEN WIE DAS SALZ ZUR SUPPE: DER WILDE AUS DEN KLAREN BERGBÄCHEN GILT ALS BESTE QUALITÄT.

Entsprechend oft steht er daher auf dem Speiseplan. Hier ein delikates Rezept, bei dem der Salm einmal zur Farce verarbeitet als Klößchen wie auch als Filetstückchen in die Suppe wandert.

| |
|---|
| **Für die Lachsklößchen:** |
| 250 g Lachsfilet, gut gekühlt |
| Salz, frisch gemahlener weißer Pfeffer |
| 180 ml Sahne, gut gekühlt |
| 25 ml Sahne, leicht geschlagen und gekühlt |
| **Für die Suppe:** |
| 20 g Schalotte, 1 Knoblauchzehe |
| 60 g Stangensellerie, 80 g Lauch |
| 200 g weißer Spargel, 200 g Tomaten, 1,2 l Fischfond |
| 1 Lorbeerblatt, 1 Zweig Thymian |
| Salz, frisch gemahlener Pfeffer |
| 200 g Lachsfilet, in 1,5 cm große Würfel geschnitten |
| 1 TL Zitronensaft, 1 TL gehacktes Selleriegrün |
| 1 Prise Cayennepfeffer |
| Zesten von 1/2 unbehandelten Zitrone |
| **Außerdem:** |
| 1 EL gehackte Petersilie, einige Thymianblättchen |

1. Für die Lachsklößchen zunächst die Farce zubereiten. Dafür das gekühlte Filet würfeln, salzen, pfeffern und durch die feine Scheibe eines Fleischwolfes treiben. Die Masse in eine Schüssel geben und diese in eine größere, mit Eiswürfeln gefüllte Schüssel setzen. Die Hälfte der flüssigen Sahne unter die Lachsmasse rühren. Diese portionsweise in der Küchenmaschine pürieren, aber nur so lange wie unbedingt nötig, damit sie sich nicht erwärmt. Die Masse durch ein feinmaschiges Sieb in eine Schüssel streichen, um eventuelle Grätenreste zu entfernen. Die restliche flüssige Sahne unterrühren, bis die Farce glatt ist. Mit Salz und Pfeffer abschmecken, die leicht geschlagene Sahne unterziehen. Erneut kühl stellen.

2. Schalotte und Knoblauch schälen, die Schalotten in feine Ringe, den Knoblauch in dünne Scheiben schneiden. Stangensellerie und Lauch putzen und in dünne Scheiben beziehungsweise Ringe schneiden. Vom Spargel das untere Ende abschneiden, die Stangen von oben nach unten schälen und in etwa 3 cm lange Stücke schneiden. Die Tomaten blanchieren, kalt abschrecken, häuten, Samen und Stielansatz entfernen und das Fruchtfleisch in 1/2 cm große Würfel schneiden.

3. Den Fischfond in einem großen Topf erwärmen. Das vorbereitete Gemüse – einschließlich Schalotten und Knoblauch – zusammen mit dem Lorbeerblatt und dem Thymianzweig einlegen, salzen, pfeffern und 5 Minuten köcheln lassen.

4. Für die Lachsklößchen 2 Löffel in kaltes Wasser tauchen, ovale Nocken aus der Lachsfarce stechen und formen. Die Klößchen in die heiße Suppe gleiten und bei reduzierter Hitze in 8 Minuten garziehen lassen.

5. Die Lachsfiletwürfel in den letzten 3 bis 4 Minuten in die Suppe einlegen. Diese mit Zitronensaft, Selleriegrün und Cayennepfeffer würzen. Die Zitronenzesten einstreuen. Die Suppe in vorgewärmte Teller verteilen und mit den frischen Kräutern bestreut servieren.

# Polski Barszcz

## BORSCHTSCH NACH POLNISCHER ART: MIT SPEZIELL GEBRAUTEM KWASS UND POLNISCHEN WÜRSTCHEN.

Mehrere osteuropäische Länder, darunter Rußland, Rumänien und Polen, nehmen für sich in Anspruch, die Heimat dieses beliebten Eintopfes mit Roten Beten und saurer Sahne zu sein, von dem es wohl 100 verschiedene Variationen gibt. Für diese polnische Variante wird als Suppengrundlage eigens ein spezieller Kwaß angesetzt, nur aus Roten Beten und Wasser, während Kwaß zum Trinken sonst üblicherweise mit Bierhefe hergestellt wird.

| |
|---|
| **Für den Kwaß:** |
| 1 kg Rote Bete |
| **Für die Brühe:** |
| 2 l Kwaß, 500 g Rindfleisch (etwa Tafelspitz) |
| 80 g Zwiebeln, 100 g Knollensellerie |
| 120 g Möhren, 60 g Lauch, 25 g getrocknete Steinpilze |
| 250 g roh geräucherter durchwachsener Bauchspeck |
| **Für den Borschtsch:** |
| 600 g Rote Bete, 80 g Zwiebeln, 50 g Butter |
| 40 g Mehl, 4 Polnische Würstchen |
| Salz, frisch gemahlener Pfeffer |
| milder Weinessig nach Belieben |
| 1/8 l saure Sahne (10 % Fett) |
| **Außerdem:** |
| 1 EL gehackter Dill |

1. Für den Kwaß von den Roten Beten die Wurzeln und Blätter abschneiden, die Knollen waschen, schälen und grob raspeln. Die Raspel in einem Steinguttopf mit etwa 2 l kaltem Wasser gerade eben bedecken. Einen Teller auf die geraspelten Roten Bete legen und diesen mit einem Gewicht beschweren. Den Topf nicht verschließen und 8 Tage kühl und dunkel stehen lassen. Abseihen, dabei die Masse sorgfältig ausdrücken, es sollten 2 l der leicht säuerlichen Flüssigkeit übrigbleiben.

2. Den Kwaß in einen entsprechend großen Topf gießen und das Rindfleisch einlegen. Die Zwiebeln schälen und hacken. Den Sellerie und die Möhren schälen, den Lauch putzen. Das Gemüse in Stücke schneiden und in den Topf geben. Aufkochen, die Hitze reduzieren und alles 30 Minuten köcheln lassen. Die Steinpilze und den Bauchspeck 1 weitere Stunde mitköcheln lassen.

**Ungewöhnlich in der Farbe, aber gut.** Der Rote-Bete-Topf schmeckt dampfend heiß an kalten Tagen. Man kann ihn aber im Sommer auch kalt servieren, immer aber gehört saure Sahne dazu.

Fleisch, Speck und Pilze herausnehmen, beiseite stellen. Die Brühe durch ein feines Sieb passieren.

3. Für den Borschtsch von den Roten Beten Wurzeln und Blätter abschneiden. Die Knollen waschen, schälen und erst in 3 mm dicke Scheiben, dann in 3 mm breite Stifte schneiden. Die Zwiebeln schälen und fein hacken. Die Butter in einem Topf zerlassen und die Zwiebelwürfel darin hell anschwitzen. Die Rote-Bete-Stifte kurz mitschwitzen, mit Mehl bestauben und unter Rühren noch 2 bis 3 Minuten garen. Die durchgeseihte Brühe zugießen, aufkochen und bei geringer Hitze alles 10 bis 15 Minuten köcheln lassen.

4. Das Fleisch und den Bauchspeck in Würfel mit etwa 1,5 cm Kantenlänge, die Polnischen in dünne Scheiben schneiden. Die Steinpilze sehr fein würfeln. Alles in der Brühe 10 Minuten mitkochen lassen. Mit Salz, Pfeffer und Essig würzen. Den Topf vom Herd nehmen und die saure Sahne einrühren. Den fertigen Borschtsch mit Dill bestreuen und mit frischem Weißbrot servieren.

# Sauerkrautrahmsuppe mit Blutwurstknödeln

EINE SPEZIALITÄT AUS DER BÖHMISCHEN SUPPENKÜCHE, FÜR DIE ES EINER GUT GEWÜRZTEN UND GERÄUCHERTEN BLUTWURST BEDARF.

| |
|---|
| 50 g luftgetrockneter durchwachsener Speck am Stück |
| 80 g Zwiebeln, 1 Knoblauchzehe |
| 50 g Knollensellerie, 150 g Kartoffeln |
| 2 EL Pflanzenöl, 4 Wacholderbeeren |
| 1 l Kalbsfond, 350 g Sauerkraut |
| 1 Lorbeerblatt, 300 ml Sahne |
| Salz, frisch gemahlener Pfeffer |
| **Für die Blutwurstknödel:** |
| 100 g geräucherte Blutwurst, 30 g Schalotten |
| 100 g Hackfleisch (halb Schwein, halb Rind) |
| 1 TL gehackter Majoran |
| 1 TL gehackte Petersilie, 1 Eigelb |
| Salz, frisch gemahlener Pfeffer |
| **Für den Ausbackteig:** |
| 100 g Mehl, 80 ml helles Bier, 1 Eigelb, Salz, 1 Eiweiß |
| **Außerdem:** |
| Pflanzenöl zum Fritieren |
| 20 g kalte Butter, in Stückchen |

1. Den Speck in 3 Stücke schneiden. Die Zwiebeln, den Knoblauch und den Sellerie schälen und klein schneiden. Die Kartoffeln schälen und in Würfel schneiden.

2. Das Öl in einem Topf erhitzen und den Speck sowie die Wacholderbeeren darin anbraten. Zwiebeln, Knoblauch und Sellerie kurz mitbraten. Mit dem Fond ablöschen. Das Sauerkraut etwas ausdrücken, dabei den Saft auffangen. 50 g Kraut bis zur weiteren Verwendung beiseite stellen. Das restliche Sauerkraut in den Topf geben, Lorbeerblatt und Kartoffeln zufügen und alles bei reduzierter Hitze 40 Minuten köcheln lassen. Die Sahne unterrühren und weitere 20 Minuten köcheln lassen. Salzen und pfeffern.

3. Für die Knödel die Blutwurst häuten und sehr klein würfeln. Die Schalotten schälen und sehr fein hacken. Alle Zutaten für die Knödel in einer Schüssel gut miteinander verkneten und würzen. Aus dem Teig 8 kleine Knödel formen.

4. Für den Ausbackteig das Mehl sieben und mit dem Bier glattrühren. Das Eigelb unterrühren und salzen. Das Eiweiß steif schlagen und unterheben.

5. Das Öl in einer Friteuse auf 150 °C erhitzen. Die Knödel in den Teig tauchen, ablaufen lassen und in 4 Minuten hellbraun ausbacken. Herausheben und auf Küchenpapier abtropfen lassen. Das zur Seite gestellte Sauerkraut in einem Sieb in der Friteuse knusprig ausbacken. Herausnehmen und ebenfalls auf Küchenpapier abtropfen lassen.

6. Den Speck aus der Suppe entfernen, diese im Mixer fein pürieren und durch ein Sieb passieren. Mit Sauerkrautsaft, Salz und Pfeffer abschmecken. Die kalte Butter zugeben, die Suppe mit dem Mixstab aufschäumen, in vorgewärmte Teller verteilen, mit dem fritierten Sauerkraut garnieren und sofort servieren.

**Knusprig fritiertes Sauerkraut** als interessanter Kontrast zur zartschmelzenden Suppe mit den delikaten Blutwurstknödeln.

# Gemüsesuppe mit Graupen

## SEIT DEM MITTELALTER BEKANNT: GRAUPENSUPPE MIT DIVERSEN ZUTATEN – HIER MIT PILZEN.

Ursprünglich ein Arme-Leute-Essen – vor allem dort, wo sie nur mit Wasser gekocht wurde –, ist die Graupensuppe allmählich zu höheren Ehren gekommen. Durch Zusatz von Brühe und Butter oder gar von Speck und Fleisch wurde sie im Lauf der Zeit deutlich aufgewertet. Irgendwann jedoch gerieten Graupen als Suppeneinlage wieder etwas in Vergessenheit und wurden vorwiegend in der Krankenkost eingesetzt. Heute gilt es daher, dieses Getreideprodukt kulinarisch neu zu entdecken. Es handelt sich dabei um entspelzte, geschälte und rund geschliffene, polierte Gersten- oder Weizenkörner, deren besonderes Kennzeichen ihre durch das Schleifen bedingte helle Farbe ist. Die feinsten der Familie sind die sogenannten Perlgraupen, besonders kleine runde »Gräupchen«, wie sie auch für diese Suppe vorgesehen sind, welche mit Räucherspeck und frischen Pilzen geschmacklich abgerundet wird.

**Frische Steinpilze,** am besten selbst gesammelt, geben dieser bäuerlich-deftigen Suppe ihren besonderen Geschmack.

| |
|---|
| 120 g Perlgraupen |
| 50 g roher geräucherter und durchwachsener Speck |
| 80 g weiße Zwiebeln |
| 50 g Möhre |
| 50 g Petersilienwurzel |
| 50 g Lauch |
| 1 bis 1,2 l Gemüsefond |
| Salz, frisch gemahlener schwarzer Pfeffer |
| 1 EL gehackte Petersilie |
| 200 g frische Steinpilze, 20 g Butter |

1. Die Graupen gründlich waschen und über Nacht in Wasser einweichen. Am nächsten Tag das Einweichwasser abgießen und die Graupen in einem Topf mit frischem Wasser bedecken. Leicht salzen und 15 Minuten bei geringer Hitze kochen, abseihen und bis zur weiteren Verwendung beiseite stellen.

2. Den Speck in kleine Würfel schneiden. Die Zwiebeln, die Möhre und die Petersilienwurzel schälen, den Lauch putzen, waschen und alles in feine Würfel schneiden.

3. Einen entsprechend großen Topf erhitzen und den Speck darin auslassen. Die Zwiebelwürfel zugeben und darin farblos anschwitzen. Das Gemüse zufügen und 3 bis 4 Minuten mitschwitzen. Den Gemüsefond zugießen, zum Kochen bringen und die Hitze reduzieren. Die Graupen darin etwa 30 Minuten köcheln lassen, bis sie weich sind. Salzen, pfeffern und die Petersilie einstreuen.

4. Die Steinpilze sorgfältig putzen und längs in dünne Scheiben schneiden. Die Butter in einer Pfanne zerlassen und die Pilze darin kurz braten, leicht salzen und pfeffern.

5. Die Pilze in der Suppe 2 bis 3 Minuten ziehen lassen. Das Gericht in vorgewärmte Teller oder Suppentassen schöpfen und servieren.

# Kalte Holundersuppe

## DIE AROMATISCHEN BEEREN WERDEN MIT ÄPFELN, ROTWEIN UND GEWÜRZEN IN EINE ERFRISCHENDE KALTSCHALE VERWANDELT.

Im Herbst entwickeln sich an den schirmförmigen Trugdolden des Holunderstrauchs aus würzig duftenden Blüten saftige, schwarze, beerenartige Steinfrüchte. Der Monat Oktober eignet sich für die Ernte am besten. Allerdings muß man dabei den Vögeln zuvorkommen, die sie sehr schätzen. Im rohen Zustand sind die Holunderbeeren ungenießbar, da sie Blausäure abspaltendes Sambunigrin enthalten, das Vergiftungen verursachen kann. Im gekochten Zustand sind die Beeren dagegen vielseitig verwendbar. Sie lassen sich zum Beispiel zu Kompott, Mus, Gelee, Saft und Sirup verarbeiten und mit Früchten wie Orangen, Zwetschgen, Birnen, Quitten und Ebereschen kombinieren. Im folgenden Rezept werden die Früchte, die wirklich vollreif sein sollten, von Äpfeln begleitet.

| |
|---|
| 1 kg Holunderbeeren (mit Stiel) |
| 400 g Äpfel |
| 300 ml Rotwein |
| 200 g Zucker |
| Schale von 1/2 unbehandelten Zitrone |
| 1 kleine Zimtstange, 2 Gewürznelken |
| 1/4 TL Speisestärke |
| **Außerdem:** |
| 50 g Crème fraîche nach Belieben |

1. Die Holunderbeeren mit Stiel unter fließendem kaltem Wasser waschen und gut abtropfen lassen. Die Beeren kurzzeitig in das Gefrierfach legen, denn in gefrorenem Zustand lassen sich die empfindlichen Früchte besser von den Dolden entfernen. Anschließend die Beeren mit den Fingern vorsichtig vom Stiel abzupfen, dabei darauf achten, daß sie nicht zerdrückt werden.

2. Die Äpfel waschen, schälen, vierteln, vom Kerngehäuse befreien und in schmale Spalten schneiden.

3. Den Rotwein mit dem Zucker, der Zitronenschale, der Zimtstange und den Nelken in einem entsprechend großen Topf zum Kochen bringen.

4. Die Beeren hinzufügen und unter Rühren einmal aufkochen lassen. Die Apfelspalten unterheben. 15 Minuten köcheln lassen und dabei wiederholt mit dem Schaumlöffel den aufsteigenden Schaum abnehmen. Die Speisestärke mit etwas Rotwein anrühren und die Holunderbeeren damit binden. Die Suppe bis zum Servieren kalt stellen.

**Mit etwas Crème fraîche** läßt sich die herbstliche Suppe ganz nach Belieben verfeinern. Wenn man möchte, kann man sie auch mit 250 g Birnen und 200 g Äpfeln zubereiten.

**Weißen Spargel,** der gut auf leichten, warmen Böden gedeiht, sticht man stets von Hand. Und das, bevor die Spitze ans Licht kommt. Deshalb ist dieses Gemüse nach wie vor ein nicht gerade preiswerter Genuß.

# Hühnersuppe mit Spargel

## CREMIG UND DENNOCH LEICHT UND WÜRZIG: EINE IDEALE FRÜHJAHRSKOMBINATION.

Grundlage für diese delikate Cremesuppe ist eine selbst zubereitete Geflügelbrühe. Das mag etwas aufwendig erscheinen, doch ergibt dieses Rezept gleich 3 l davon. Nur ein Drittel wird für die Hühnersuppe gebraucht, der Rest läßt sich jedoch hervorragend portionsweise einfrieren. Und damit ist man für eine ganze Weile mit einer idealen Basis für andere Geflügelsuppen oder -saucen versorgt.

| |
|---|
| 1 küchenfertiges Suppenhuhn (etwa 2 kg) |
| 1 kg Kalbsknochen, in Scheiben |
| 2 angedrückte Knoblauchzehen, 20 Pfefferkörner |
| 1 Zwiebel, mit 4 Nelken gespickt |
| 500 g weißer Spargel, 40 g Butter, 25 g Mehl |
| Salz, frisch gemahlener weißer Pfeffer |
| 1 Spritzer Zitronensaft, 1/8 l Sahne, 1 Eigelb |
| **Für das Bouquet garni:** |
| 100 g Möhren, 80 g Lauch, 50 g Stangensellerie |
| 2 Lorbeerblätter, 2 Zweige Thymian |
| 6 Stengel Petersilie |
| **Außerdem:** |
| 1 EL Schnittlauchröllchen |

**Zum Servieren** schöpft man die Hühnersuppe in vorgewärmte Teller, legt das aufgeschnittene Geflügelfleisch ein und bestreut das Ganze mit Schnittlauchröllchen.

1. Das Suppenhuhn unter fließendem kaltem Wasser innen und außen waschen, gut abtropfen lassen und vierteln. Das Huhn und die Kalbsknochen in einem entsprechend großen Topf mit heißem Wasser bedecken und möglichst schnell zum Kochen bringen. Aufwallen lassen, bis Eiweiß und Schmutzteile an die Oberfläche steigen. Das Wasser abgießen und das Huhn sowie die Knochen mit warmen Wasser abbrausen. Zurück in den Topf legen, mit 4 l frischem Wasser bedecken und erneut aufkochen, dabei den immer wieder aufsteigenden Schaum vollständig abschöpfen. Die Hitze reduzieren und die Brühe etwa 3 Stunden knapp unter dem Siedepunkt halten. Nach 2 Stunden die angedrückten Knoblauchzehen zusammen mit den Pfefferkörnern, der gespickten Zwiebel und dem Bouquet garni in die Brühe einlegen. Bei Bedarf Wasser nachfüllen, so daß Huhn und Knochen immer von Flüssigkeit bedeckt sind.

2. Die Brühe durch ein Tuch in einen Topf passieren, abkühlen lassen und entfetten. 1 l Brühe abmessen und die restliche Brühe anderweitig verwenden.

3. Vom Spargel die unteren Enden abschneiden und die Stangen mit einem Sparschäler oder mit einem Messer von oben nach unten schälen, dafür dicht unter dem Spargelkopf ansetzen und zum Stangenende hin dicker schälen. Die entfettete Hühnerbrühe in einem entsprechend großen Topf aufkochen und die Spargelstangen darin 12 bis 15 Minuten garen. Das Gemüse mit einem Schaumlöffel herausheben, die Spargelspitzen in einer Länge von 4 cm abschneiden und für die Einlage beiseite stellen. Den Rest der Stangen im Mixer fein pürieren.

4. Die Butter in einem Topf zerlassen und das Mehl darin unter Rühren 1 bis 2 Minuten farblos anschwitzen. Die Brühe zugießen, glattrühren und mit Salz, Pfeffer sowie Zitronensaft würzen. Die Sahne und das Spargelpüree einrühren. Die Suppe unter ständigem Rühren etwa 20 Minuten köcheln lassen.

5. Die Suppe durch ein feines Sieb in einen Topf passieren. Das Eigelb mit etwas Suppe verrühren und diese damit legieren; sie darf dann nicht mehr kochen. Die Spargelspitzen einlegen und die Suppe warm halten.

6. Das Huhn häuten, das Fleisch von den Knochen lösen und in mundgerechte Stücke oder Scheiben schneiden.

# Pichelsteiner

## DAS EINTOPFGERICHT HAT WEIT ÜBER DIE DEUTSCHEN LANDESGRENZEN HINAUS BERÜHMTHEIT ERLANGT.

Um den Ruhm des Ursprungsorts dieses Traditionsgerichtes streiten sich zwei Gemeinden im Bayerischen Wald, Regen und Grattersdorf, und wetteifern jeden Sommer in der Ausrichtung eines großes Fests zu seinen Ehren. Die Zubereitung des Pichelsteiner oder »Büchelstoana« ist recht aufwendig, darum empfiehlt es sich, ihn in einer größeren Menge zuzubereiten als man für eine Mahlzeit benötigt. Den Rest kann man problemlos einfrieren und später genießen. Zu dem deftigen Eintopf reicht man Bauernbrot und ein gut gekühltes Bier.

| |
|---|
| 100 g ausgelöstes Rindermark |
| 250 g Lammfleisch (aus der Keule) |
| 250 g Kalbfleisch (aus der Schulter) |
| 250 g Schweinefleisch (aus der Keule) |
| 250 g Rinderbrust |
| 150 g Zwiebeln |
| 150 g Möhren |
| 150 g Knollensellerie |
| 200 g Kartoffeln |
| 50 g Petersilienwurzel |
| 150 g Lauch |
| 200 g Weißkohl |
| 3/4 l kräftig gewürzte Rinderbrühe |
| 8 EL Pflanzenöl |
| 3 EL gehackte Petersilie |
| Salz, frisch gemahlener Pfeffer |

Das Rindermark in einer Schüssel unter fließendem kaltem Wasser etwa 15 Minuten wässern. Es wird in dieser Zeit vollkommen weiß. Alle Fleischsorten in etwa 1,5 cm große Würfel schneiden. Die Zwiebeln schälen und grob hacken. Die Möhren, den Knollensellerie, die Kartoffeln und die Petersilienwurzel schälen, den Lauch putzen und waschen. Alles in etwa 1,5 cm große Stücke schneiden. Den Weißkohl halbieren, den Strunk herausschneiden und die Blätter in 2 cm große Quadrate schneiden. Das gewässerte Mark säubern und in dünne Scheiben schneiden. Die Rinderbrühe in einem Topf, das Öl in einer großen Pfanne erhitzen. Weiterverfahren, wie in der nebenstehenden Bildfolge gezeigt. Den feuerfesten Topf zudecken und den Eintopf bei 200 °C im vorgeheizten Ofen etwa 90 Minuten garen.

Alle Fleischsorten mischen und portionsweise im heißen Öl rundum kräftig anbraten. Die Zwiebeln kurz mitbraten.

Die Hälfte der Rindermarkscheiben in einen feuerfesten Topf legen und bei geringer Hitze leicht schmelzen lassen.

Zunächst eine Schicht Fleisch-Zwiebel-Mischung auf das Mark legen. Mit etwas Petersilie bestreuen, leicht salzen und pfeffern.

Eine Schicht Gemüse auflegen. Nacheinander Fleisch und Gemüse einschichten und mit Petersilie bestreuen. Salzen und pfeffern.

Mit einer Schicht Gemüse abschließen. Das restliche Mark und die übrige Petersilie darauf verteilen. Die heiße Brühe angießen.

# Aalsuppe von der Ostseeküste

## EINE VARIANTE DES NORDDEUTSCHEN KLASSIKERS MIT SPECK, GEMÜSE UND CROUTONS.

Der Aal zählt wegen seiner feinen Konsistenz, seines zarten Geschmacks und ungeachtet seines recht hohen Fettgehalts zu den beliebtesten Speisefischen. Es ist am einfachsten, ihn enthäutet zu kaufen. Will man ihn selbst von der Haut befreien, geht man am besten vor, wie es in der Bildfolge gezeigt wird.

| |
|---|
| 1 Aal, ausgenommen (etwa 500 g) |
| **Für den Fond:** |
| 80 g Gemüse (Zwiebeln, Möhren, Lauch, Sellerie) |
| 1 EL Pflanzenöl, 100 ml Weißwein |
| 2 Gewürznelken, 2 Lorbeerblätter |
| 2 Pimentkörner, 5 Pfefferkörner |
| **Für die Suppe:** |
| 50 g roh geräucherter durchwachsener Speck |
| 80 g Zwiebeln, 100 g Möhren |
| 80 g Knollensellerie, 80 g Lauch |
| 30 g Butter, 30 g Mehl |
| Salz, frisch gemahlener Pfeffer |
| 1 Spritzer Zitronensaft |
| 50 g Crème fraîche, 2 EL gehackter Dill |
| **Für die Croûtons:** |
| 30 g Butter |
| 60 g Weißbrot ohne Rinde, 1/2 cm groß gewürfelt |

Den gehäuteten Aal filetieren, in 2 cm breite Stücke schneiden und bis zur weiteren Verwendung kühl stellen. Für den Fond die Gräten und die Haut grob zerkleinern. Die Karkassen in einer Schüssel unter fließendem kaltem Wasser 10 Minuten wässern. Herausnehmen und abtropfen lassen. Das Gemüse putzen beziehungsweise schälen und kleinschneiden. Das Öl in einem entsprechend großen Topf erhitzen und die Karkassen darin 3 Minuten hell anschwitzen. Das Gemüse unter

Den Aal häuten. Dafür ein Stück Haut seitlich hinter dem Kopf lösen. Mit dem Daumen der rechten Hand unter die Haut fahren und diese bis zur anderen Seite lösen. Mit diesem »Griff« die Haut zunächst nach vorn über den Kopf wegziehen. Das lose Hautende mit einem Tuch festhalten und nun nach hinten über den Schwanz abziehen. Die Flossen in Richtung Kopf mit einer Schere abschneiden.

Rühren kurz mitschwitzen. Mit dem Weißwein ablöschen, erhitzen und etwas einkochen lassen. 900 ml Wasser angießen und die Gewürze zufügen. Den Topfinhalt aufkochen lassen und die Hitze reduzieren. 20 Minuten köcheln lassen, dabei den aufsteigenden Schaum wiederholt abschöpfen. Ein Spitzsieb mit einem Passiertuch auslegen und den Fond durchseihen. Für die Suppe den Speck in kleine Würfel schneiden. Die Zwiebeln schälen, halbieren und in Scheiben schneiden. Die Möhren und den Sellerie schälen, den Lauch putzen, waschen und alles in dünne Stifte schneiden. Die Butter in einem Topf zerlassen und den Speck sowie die Zwiebeln darin glasig anschwitzen. Mit dem Mehl bestauben, gut verrühren und farblos anschwitzen. Den Fischfond angießen und 20 Minuten köcheln lassen, dann das Gemüse weitere 10 Minuten mitgaren. Die Hitze etwas reduzieren. Die Aalstücke in der Suppe 10 Minuten ziehen lassen. Inzwischen für die Croûtons die Butter in einer Pfanne zerlassen und die Brotwürfel darin goldgelb rösten. Die Suppe mit Salz, Pfeffer sowie Zitronensaft würzen, die Crème fraîche einrühren und mit dem gehackten Dill bestreuen. Die Aalsuppe in vorgewärmte Teller schöpfen, die Croûtons darauf verteilen und sofort servieren, damit die Brotwürfel nicht weich werden.

**Spargel** wächst auf leichten, sandigen Böden in Erddämmen, die zu Beginn des Frühjahrs aufgeworfen werden. In der Saison – von Anfang Mai bis 24. Juni – wird er zweimal pro Tag gestochen, bevor er sich durch den Kontakt mit dem Sonnenlicht verfärbt. Anschließend streicht man die Erdoberfläche mit einer Kelle wieder glatt.

# Spargelsuppe mit Krebsschwänzen

EINE EDLE KRUSTENTIEREINLAGE VERWANDELT DIESE VORSPEISE IN EINE DELIKATESSE.

Die in diesem Rezept verwendeten Signalkrebse verdanken ihren Namen dem kleinen orangefarbenen Fleck an den Scherengelenken. Die Färbung ihrer Panzer reicht von Schwarz- bis Rötlich-Grün, ihre Unterseite ist hellbraun. Ursprünglich sind die Krebse in hochgelegenen, kalten Bergseen Nordamerikas beheimatet, aber sie wurden auch in deutschen Gewässern ausgesetzt.

| |
|---|
| 12 lebende Krebse (je 80 g), Salz |
| 600 g weißer Spargel |
| 120 ml Sahne, 2 Eigelbe |
| frisch gemahlener weißer Pfeffer |
| frisch geriebene Muskatnuß |
| **Außerdem:** |
| 100 g gekochter Langkornreis |
| Kerbelblättchen zum Garnieren |

1. Die Krebse nacheinander in sprudelnd kochendem, leicht gesalzenem Wasser 5 bis 6 Minuten kochen, dabei darauf achten, daß das Wasser immer wieder sprudelnd kocht, bevor der nächste eingelegt wird. Herausnehmen und abkühlen lassen. Um das Krebsfleisch auszulösen, den Krebsschwanz mit einer drehenden Bewegung vom Körper abziehen, dabei soll das Schwanzfleisch möglichst unversehrt bleiben. Den Schwanzfächer mit Daumen und Zeigefinger greifen, vom Körper drehen und den anhängen-

**Kerbel** paßt mit seinem feinen, leicht anisartigen Aroma sehr gut zu der legierten Spargelsuppe und dem exquisiten Krebsfleisch.

den Darm vorsichtig herausziehen. Den Panzer der Länge nach so aufbiegen, daß die dünne Unterseite zerreißt, oder den Panzer auf der Unterseite aufschneiden. Das Fleisch herausnehmen. Die Scheren abdrehen, vorsichtig aufklopfen und das Fleisch herausziehen.

2. Vom Spargel jeweils die unteren Enden abschneiden und die Stangen mit einem Messer oder einem Spargelschäler von oben nach unten schälen, dabei dicht unter dem Kopf ansetzen und zum Spargelende hin dicker schälen. Die Schalen und Abschnitte waschen, in einem Topf mit etwa 1 l Wasser bedecken und leicht salzen. Aufkochen lassen, die Hitze reduzieren, etwa 20 Minuten köcheln lassen und abseihen, dabei den Sud auffangen.

3. Die Spargelstangen im Sud bißfest kochen und herausnehmen. Die Stangen von den Spitzen her beginnend in 4 cm lange Stücke schneiden.

4. Den Sud mit 80 ml Sahne aufkochen, die Hitze reduzieren und auf etwa 600 ml einkochen lassen. Das Krebsfleisch und die Spargelstücke zugeben. Die restliche Sahne mit den Eigelben verquirlen und in die Suppe rühren; sie darf dann nicht mehr kochen, da sonst das Eigelb gerinnt. Nach Geschmack mit Salz, Pfeffer und Muskatnuß würzen. Die Suppe in Teller schöpfen, den Reis darauf verteilen und mit Kerbel garniert servieren.

# Biersuppen

## DAS »DEUTSCHE NATIONALGETRÄNK« HIER EINMAL VON EINER FAST VERGESSENEN SEITE: ALS GRUNDLAGE FÜR HEISSE SUPPEN.

Sucht man nach solchen Rezepten, findet man sie überwiegend in Kochbüchern von anno dazumal. Das hat seinen Grund: In der oft gar nicht so guten alten Zeit war eine mit Brotwürfeln, Sago, Eiern oder anderen Einlagen angereicherte Biersuppe vor allem in der kalten Jahreszeit ein kräftigender Energielieferant, der sich einfach und schnell zubereiten ließ und darüber hinaus nicht allzu viel kostete – die meisten Zutaten waren sowieso zur Hand, und das Bier braute so mancher gleich im eigenen Keller. Das galt auch für viele Klöster, in denen Biersuppen als Fastenspeisen gereicht wurden. Und: So unterschiedlich Land und Leute, so verschieden auch die Vorlieben für bestimmte Spezialitäten aus dem Braukeller – damals wie heute. So kochte man etwa in Friesland, übrigens schon vor mehr als 200 Jahren, sein Süppchen gern mit dunklem Bier und verzehrte es zuweilen schon zum Frühstück. Auch wenn das nicht mehr so ganz nach unserem Geschmack sein mag: Das Ausprobieren dieser Suppe – zu einer genehmeren Tageszeit – lohnt auf jeden Fall auch heute noch. In Bayern dagegen liebte man seit jeher auch für Suppen das helle obergärige Weißbier, das auch Weizenbier heißt, weil es eben aus diesem Getreide und nicht aus Gerste gebraut wird. Es ist nur schwach gehopft, schmeckt deshalb vergleichsweise wenig bitter und verträgt sich sogar mit einer exotisch anmutenden Würzmischung aus Nelken, Zimt und Ingwer, wie das Rezept auf dieser Seite zeigt.

| **Friesische Biersuppe** |
| --- |
| (ohne Abbildung) |
| 140 g Roggenmischbrot |
| 1 l dunkles Bier |
| 2 Eier, 1 Prise Zucker, Salz |

1. Das Brot in etwa 1 cm große Würfel schneiden, in einer Schüssel mit dem Bier übergießen und etwa 30 Minuten ziehen lassen.

2. Das eingeweichte Brot mit dem Bier durch ein Sieb in einen entsprechend großen Topf passieren. Aufkochen lassen und vom Herd nehmen.

3. Die Eier in eine Schüssel aufschlagen, mit dem Zucker verrühren und unter die Biersuppe ziehen. Mit Salz würzen und nach Bedarf mit Zucker abschmecken; die Suppe darf nicht noch einmal kochen, da das Eigelb sonst gerinnen würde. Sofort servieren.

| **Weißbiersuppe** |
| --- |
| 1 l helles Weißbier |
| 40 g Zucker, 2 TL Zitronensaft |
| abgeriebene Schale von 1/2 unbehandelten Zitrone |
| 1 Gewürznelke, 1 kleines Stück Zimtstange |
| 1 Prise gemahlener Ingwer, 70 g Sago |
| **Außerdem:** |
| Melisseblättchen zum Garnieren |

1. Das Bier in einem entsprechend großen Topf mit dem Zucker, dem Zitronensaft, der Zitronenschale, der Nelke, der Zimtstange und dem gemahlenen Ingwer aufkochen.

2. Den Sago waschen und abtropfen lassen. Sobald das Bier kocht, den Sago einstreuen, die Hitze reduzieren und die Suppe 40 Minuten köcheln lassen, damit der Sago ausquellen kann.

**Echter Sago** wird aus dem stärkehaltigen Mark einer tropischen Palmenart gewonnen. Er dient traditionell als Suppeneinlage oder zum Andicken von Süßspeisen.

**Die Weißbiersuppe** wird zum Servieren auf Teller verteilt und mit den Melisseblättchen bestreut – die sorgen neben Zitronenschale und -saft für Frische.

# Westfälischer Bigosch

## EIN WINTERLICHER EINTOPF MIT ZWEIERLEI KRAUT, SCHWEINEFLEISCH UND METTWÜRSTCHEN.

Als im letzten Jahrhundert Arbeitssuchende aus dem heutigen Polen, vor allem aus Pommern und aus Schlesien, in den »Kohlenpott« kamen, brachten sie das Rezept für das »Nationalgericht« Bigos in ihre neue Heimat mit: einen Eintopf mit Schweinefleisch, frischem Weißkohl, Sauerkraut, Wurst und frischen Waldpilzen – Zutaten, die auch zur bodenständig-deftigen, bäuerlichen westfälischen Küche unabdingbar dazugehören. So ist es nicht verwunderlich, daß das Gericht auch an der Ruhr heimisch wurde – als westfälischer Bigosch eben. Die »Originalwurst« Kolbas allerdings, eine herzhaft mit Paprika und Knoblauch gewürzte Schweinswurst, stand dafür nicht mehr zur Verfügung, was aber im Land der Schinken und Würste nicht weiter problematisch war. Man konnte einfach auf eine westfälische Spezialität ausweichen: »Mettendchen«, also Rohwürstchen aus Schweinefleisch, die mit Salz und Pfeffer gewürzt sind und die luftgetrocknet oder geräuchert angeboten werden. Die geräucherte Variante paßt besonders gut, verstärkt sie doch das Aroma des Räucherspecks. Als Beilage zum Bigosch empfehlen sich Salzkartoffeln oder ein herzhaftes Landbrot. Und dazu werden – nicht nur, aber auch – typisch westfälische Getränke eingeschenkt: zum Essen ein herbes Pils, und als Aperitif oder als Digestif ein gut gekühlter »Klarer«, ganz nach Geschmack etwa ein reiner Korn oder ein Steinhäger.

**Kein Bigosch** ohne Kraut und Mettwürstchen! Aber auch Zwiebeln, Lorbeerblätter und Majoran dürfen nicht fehlen. Frische Pfifferlinge sorgen zusätzlich für eine feine Note.

| |
|---|
| 200 g Schweineschulter |
| 200 g durchwachsener Räucherspeck |
| 4 geräucherte Mettwürstchen |
| 200 g Zwiebeln |
| 200 g Weißkohl, 200 g Sauerkraut |
| 30 g Butter, 1 EL Öl |
| 2 Knoblauchzehen |
| 1 TL frisch gehackter Majoran, 1 TL Kümmel |
| 1/2 TL edelsüßes Paprikapulver |
| Salz, frisch gemahlener Pfeffer |
| 1 Lorbeerblatt, 1 EL Tomatenmark |
| 250 g frische Pfifferlinge |

1. Das Schweinefleisch und den Speck in 2 cm große Würfel, die Würstchen in 1 cm dicke Scheiben schneiden.

2. Die Zwiebeln schälen und fein hacken. Den Weißkohl waschen, vierteln, den Strunk entfernen und das Kraut mit einem scharfen Messer in feine Streifen schneiden beziehungsweise hobeln. Das Sauerkraut mit einer Gabel etwas auflockern.

3. Die Butter und das Öl in einem großen feuerfesten Topf erhitzen und das Fleisch darin rundherum hell anbraten. Den Speck, die Würstchen und die Zwiebeln 1 bis 2 Minuten mitbraten.

4. Den Weißkohl und das Sauerkraut auf das Fleisch legen. Den Knoblauch schälen und durch eine Knoblauchpresse dazupressen. Mit Majoran, Kümmel, Paprikapulver, Salz sowie Pfeffer würzen und das Lorbeerblatt einlegen.

5. Das Tomatenmark mit etwa 300 ml Wasser verrühren und über den Topfinhalt gießen; dieser sollte knapp mit Flüssigkeit bedeckt sein. Den Topf schließen und den Eintopf bei 175 °C im vorgeheizten Ofen in etwa 90 Minuten garen, bei Bedarf noch etwas Wasser zugießen.

6. In der Zwischenzeit die Pfifferlinge sorgfältig putzen und mit Küchenpapier abreiben. Je nach Größe ganz lassen oder halbieren. 15 Minuten vor Ende der Garzeit den Topf aus dem Ofen nehmen, die Pilze untermischen und alles fertiggaren.

**Hirse** gehört zu den ältesten Kulturpflanzen. Das Korn, das in vielen Ländern der Welt als Grundnahrungsmittel dient, wurde zwar in Europa weitgehend durch Weizen und Reis verdrängt, erlebt aber aufgrund seines Mineralstoffreichtums als Vollwertnahrungsmittel eine Renaissance. Hirse kommt als Goldhirse (ganze Körner), Hirsegries, -flocken und -mehl in den Handel.

# Gemüsebouillon mit Hirseklößchen

EINE KLARE SUPPE MIT LOCKEREN NOCKEN ALS EINLAGE – EIN APPETITANREGENDER AUFTAKT FÜR EIN MENÜ.

Das Gelingen der Hirseklößchen, wie das aller verwandten Suppeneinlagen, hängt weitgehend von der exakten Zubereitung der Masse sowie vom sorgfältigen Formen und Garen ab. Es empfiehlt sich, 1 bis 2 Probeklößchen zu formen und sie einige Minuten leise köcheln zu lassen, um sicher zu gehen, daß sie ihre Form wahren. Halten sie nicht zusammen, sollte man noch etwas Mehl und ein Ei unter die Masse mischen.

| |
|---|
| **Für die Bouillon:** |
| 60 g Frühlingszwiebeln |
| 100 g Möhren |
| 800 ml Gemüsefond |
| Salz, frisch gemahlener weißer Pfeffer |
| **Für die Hirseklößchen:** |
| 80 g Hirsemehl |
| 1 Messerspitze Currypulver |
| Salz, frisch gemahlener Pfeffer |
| 40 g Butter, in Flöckchen |
| 50 ml Gemüsefond |
| 2 Eier, 30 g Mehl |
| **Außerdem:** |
| 250 g Tomaten |
| 1 Handvoll Brunnenkresse |

1. Für die Bouillon die Frühlingszwiebeln waschen, putzen und in feine Scheibchen schneiden. Die Möhren schälen und in kleine Würfel von 1/2 cm Kantenlänge schneiden.

2. Für die Klößchen das Hirsemehl mit dem Currypulver, Salz und Pfeffer in einer beschichteten Pfanne ohne Zugabe von Fett kurz anrösten. Die Butterflöckchen zufügen und mit dem Mehl verrühren. Etwa 4 EL des Gemüsefonds nach und nach zufügen und dabei so lange rühren, bis sich das Mehl zu einem Kloß formt. Die Pfanne vom Herd nehmen und den Teig abkühlen lassen. Die Eier nacheinander unter den Teig mengen. Mehl und restlichen Gemüsefond unterkneten.

3. Den Gemüsefond für die Bouillon mit 200 ml Wasser in einem entsprechend großen Topf erhitzen, salzen und pfeffern. Die vorbereiteten Frühlingszwiebeln und Möhren zufügen und die Gemüsebouillon zum Kochen bringen.

4. Aus der Hirsemasse mit zwei angefeuchteten Teelöffeln etwa 30 Klößchen von je etwa 10 g formen, in die Bouillon gleiten lassen, die Hitze reduzieren und 10 bis 15 Minuten köcheln lassen.

5. Die Tomaten blanchieren, häuten, vierteln, Stielansätze und Samen entfernen und das Fruchtfleisch in etwa 1/2 cm große Würfel schneiden. Die Brunnenkresse waschen, mundgerecht zerpflücken und zusammen mit den Tomaten während der letzten 2 Minuten der Garzeit in der Bouillon mitköcheln. Mit Salz und Pfeffer abschmecken, auf Teller verteilen und servieren.

# Bremer Kükenragout

## DAZU REICHT MAN TRADITIONELL »FLEURONS«, ZARTE GEBÄCKSTÜCKE AUS EINFACHEM BLÄTTERTEIG.

| **Für 6 Portionen** |
|---|
| 200 g Kalbsbries, 2 Stubenküken (je etwa 600 g) |
| 1 Bund Suppengrün, 1 TL Salz, 5 weiße Pfefferkörner |
| 3 EL milden Weinessig (5 % Säure) |
| 8 Flußkrebse (je etwa 80 g), 40 g kleine Morcheln |
| 500 g weißer Spargel, 500 g Erbsenschoten |
| 1 Spritzer Zitronensaft, 100 g Butter, weißer Pfeffer |
| 30 g Mehl, 1/8 l Sahne, 2 Eigelbe |
| **Außerdem:** |
| 1 EL gehackte Petersilie |

1. Das Bries unter fließendem kaltem Wasser 2 Stunden wässern. Inzwischen die Küken unter fließendem kaltem Wasser innen und außen waschen, trockentupfen. Die Brustfilets auslösen, häuten, einmal teilen und kühl stellen. Die Schenkel abtrennen und mit den Karkassen, dem zerkleinerten Suppengrün (Möhre, Lauch, Zwiebel, Sellerie, 2 Stengel Petersilie), Salz, Pfefferkörnern und 1,5 l Wasser zum Kochen bringen. Im offenen Topf etwa 30 Minuten köcheln lassen, dabei mehrfach abschäumen. Die Schenkel ausstechen, häuten, das Fleisch von den Knochen lösen, in

**Eine ganze Reihe erlesener Zutaten –** für einen Eintopf vom Feinsten. Vor dem Servieren werden Kükenbrüste, Bries und Morcheln samt Schmorflüssigkeit mit allen anderen Einlagen noch einmal in der Sauce erwärmt, bevor das Ragout mit Petersilie bestreut und gereicht wird.

mundgerechte Stücke teilen und für die Einlage beiseite stellen. Das Bries in schwach kochendem, mit Essig versetztem Salzwasser 10 Minuten garen. Herausnehmen, kalt abschrecken, zerteilen, dabei alle Häutchen und Adern entfernen.

2. Die Krebse in sprudelndem Salzwasser 4 Minuten kochen, herausnehmen und etwas abkühlen lassen. Jeweils das Schwanzfleisch auslösen, den Darm entfernen, die Scheren abdrehen, aufklopfen und das Fleisch herausziehen.

3. Die Morcheln gründlich waschen und abtropfen lassen. Vom Spargel das untere Ende abschneiden, die Stangen schälen und in 4 cm große Stücke schneiden, die Köpfe beiseite legen. Die Erbsen auspalen.

4. Die Brühe durch ein feines Sieb gießen. 900 ml abmessen und beiseite stellen. Den Rest mit dem Zitronensaft erhitzen, Spargelstücke und Erbsen 5 Minuten darin kochen. Die Spargelköpfe weitere 5 Minuten mitgaren. Das Gemüse herausnehmen, gut abtropfen lassen. 40 g Butter zerlassen und die mit Salz und Pfeffer gewürzten Kükenbrüste darin anbraten. Kalbsbries und Morcheln salzen und zugedeckt 5 Minuten mitschmoren.

5. Die restliche Butter in einem Topf aufschäumen lassen, das Mehl darin farblos anschwitzen. Die abgemessene Brühe einrühren, aufkochen, die Hitze reduzieren und die Sauce unter Rühren 10 Minuten köcheln lassen. Sahne und Eigelbe verquirlen, in die Sauce rühren; sie darf danach nicht mehr kochen. Salzen und pfeffern.

# Brunnenkresse-Cremesuppe

## DAS HERB-PIKANTE, RETTICHÄHNLICHE AROMA DER KRÄUTER WIRD DURCH EINEN KRÄFTIGEN SCHUSS SAHNE PERFEKT ABGERUNDET.

Rapsöl, das hier zum Anschwitzen vorgeschlagen wird, hat immer noch unter dem Image des »Öls für Notzeiten« zu leiden. Bis vor etwa 20 Jahren war das auch gerechtfertigt, enthielt Rapsöl bis dato einen hohen Anteil an Erucasäure, die für die menschliche Ernährung nicht gut geeignet ist. In den 70er Jahren sind jedoch neue Rapssorten gezüchtet worden, die Erucasäure nur noch in Spuren enthalten, so daß das Öl heute als Allroundöl eingesetzt werden kann. Es ist, wie andere Speiseöle auch, nativ oder raffiniert im Handel. Natives Rapsöl erkennt man am Vermerk »kaltgepreßt« oder »1. Pressung«; durch spezielle Preßverfahren bleiben hier die arteigenen Geruch-, Geschmack- und Farbstoffe erhalten. Wer das Aroma des nativen Öls zu kräftig findet, kann jedoch ohne weiteres auf raffiniertes ausweichen.

**Brunnenkresse, Rapsöl und Kartoffeln** sind die wichtigsten Zutaten für eine feine Brunnenkresse-Cremesuppe, die nicht nur lecker, sondern darüber hinaus auch noch gesund ist.

| |
|---|
| 300 g Brunnenkresse |
| 100 g Zwiebeln |
| 300 g mehligkochende Kartoffeln |
| 3 EL Rapsöl |
| 800 ml Geflügelfond |
| Salz, frisch gemahlener Pfeffer |
| frisch geriebene Muskatnuß |
| 50 ml Sahne |
| 2 Eigelbe |
| **Außerdem:** |
| 100 ml Sahne |
| einige Blättchen Brunnenkresse |

1. Die Brunnenkresse waschen, gut abtropfen lassen, die groben Stiele entfernen und die Blättchen grob hacken.

2. Die Zwiebeln schälen und sehr fein hacken. Die Kartoffeln waschen, schälen und in etwa 1/2 cm große Würfel schneiden.

3. Das Rapsöl in einem entsprechend großen Topf erhitzen und die Zwiebelwürfel darin farblos anschwitzen. Die Kartoffelwürfel zugeben und unter gelegentlichem Wenden kurz mitschwitzen. Den Geflügelfond zugießen, einmal aufkochen, die Hitze reduzieren und den Topfinhalt 15 Minuten köcheln lassen.

4. Die gehackte Brunnenkresse einrühren und alles weitere 15 Minuten köcheln lassen. Mit Salz, Pfeffer und Muskatnuß würzen.

5. Die Suppe mit dem Pürierstab fein pürieren. Die Sahne mit den Eigelben verquirlen und in die Suppe rühren. Die Suppe erneut erhitzen; sie darf nicht mehr kochen, da sonst das Eigelb gerinnt. Mit Salz und Pfeffer abschmecken.

6. Die Sahne für die Garnitur halbsteif schlagen. Die Suppe in vorgewärmte Teller schöpfen und mit je einem Klecks Sahne sowie mit einigen Brunnenkresseblättchen garnieren.

**Die Portabella-Pilze** mit ihren auffallend großen Hüten, eine Züchtung aus Holland, sind Verwandte der allseits beliebten Champignons. Vor der Zubereitung sollten die Lamellen entfernt werden, da diese sonst die Suppe dunkel färben würden.

# Portabella-Suppe

EINE EDLE PILZCREMESUPPE MIT FRITIERTEN MINI-SEMMELKNÖDELN ALS EINLAGE.

Noch sind Portabellas nicht überall problemlos zu bekommen. Der einfachste Ausweg: Zur gleichen Menge großhütiger Champignons greifen, diese wie gewohnt putzen und Suppe sowie Einlagen ansonsten zubereiten, wie im Rezept angegeben.

| |
|---|
| **Für die Suppe:** |
| 150 g Zwiebeln, 500 g Portabella-Pilze |
| 50 g Butter, 400 ml Kalbsfond, 1/4 l Sahne |
| Salz, frisch gemahlener weißer Pfeffer |
| 1 Spritzer Zitronensaft, 1 EL gehackte Petersilie |
| **Für die fritierten Semmelknödel:** |
| 100 g Weißbrot vom Vortag |
| 60 ml lauwarme Milch, 20 g Zwiebel, 1 Eigelb |
| 1 EL gehackte Kräuter (Petersilie, Schnittlauch) |
| Salz, frisch gemahlener weißer Pfeffer |
| Pflanzenöl zum Ausbacken |
| **Außerdem:** |
| 200 g Portabella-Pilze, 20 Butter |
| 2 EL geschlagene Sahne |

1. Zunächst die fritierten Semmelknödel zubereiten. Dafür das Brot sehr klein würfeln und in einer Schüssel mit der Milch übergießen. Die Zwiebel schälen und fein hacken. Zwiebel, Eigelb und Kräuter unter das Brot mischen, salzen, pfeffern und alles miteinander vermengen. Aus dem Teig 20 kleine Knödel von je etwa 10 g formen. Zudecken und in den Kühlschrank stellen.

2. Für die Suppe die Zwiebeln schälen und sehr fein hacken. Den Pilzen mit einem kleinen Messer die Haut abziehen, die Stiele herausschneiden und die Lamellen mit einem Kugelausstecher oder einem spitzen Teelöffel entfernen. Die Pilzhüte und die Stiele klein schneiden. Die Butter in einem Topf erhitzen und die Zwiebelwürfel darin farblos anschwitzen. Die Pilze zufügen und 2 bis 3 Minuten mitanschwitzen. Den Fond zugießen, einmal aufkochen lassen, die Hitze reduzieren und die Suppe 15 Minuten köcheln lassen. Die Sahne zugießen und weitere 5 Minuten köcheln lassen. Mit Salz, Pfeffer und Zitronensaft würzen. Die Suppe mit dem Mixstab fein pürieren. Die Petersilie einstreuen.

3. Für die Einlage die Pilze putzen wie oben beschrieben und die Pilzhüte in Scheiben schneiden. Die Butter erhitzen und die Pilzscheiben darin von jeder Seite kurz braten.

4. Das Öl auf 160 °C erhitzen und die Knödel darin 3 bis 4 Minuten goldbraun fritieren. Herausheben, auf Küchenpapier legen und abtropfen lassen. Die geschlagene Sahne unter die Suppe ziehen. Mit den gebratenen Pilzen sowie den Knödeln anrichten und servieren.

**Braunvieh,** eine Rinderrasse mit einfarbig graubraunem Fell, liefert in den Alpenregionen zumeist die Milch, aus der würzige Käsesorten wie der Mondseer hergestellt werden.

# Käsesuppe

HEISS UND GEHALTVOLL: EINE SOLCHE SUPPE KANN SCHON MAL EINE GANZE MAHLZEIT AUSMACHEN.

Aus dem Salzkammergut kommt der Käse, der sich wie kein zweiter für diese deftige Wintersuppe eignet: der Mondseer, der auch Schachtelkäse genannt wird. Mondseer ist ein halbfester Schnittkäse mit leichter Rotschmiere auf der Außenseite und einem hellgelben, weichen Inneren. Er schmeckt kräftig und würzig, zuweilen etwas herb. Da er nicht unbedingt in jeder Käsetheke zu finden ist, kann man ihn gegebenenfalls durch Tilsiter, Trappisten- oder Almkäse, aber auch durch dänischen Esrom ersetzen. Der Geschmack der Suppe ändert sich dann natürlich dementsprechend.

| |
|---|
| 60 g Zwiebel |
| 1 Knoblauchzehe |
| 50 g Butter, 30 g Mehl |
| 1 l heiße Rinderbrühe |
| 150 g halbfester Schnittkäse, vorzugsweise Mondseer |
| 1 TL Kümmel |
| Salz, frisch gemahlener weißer Pfeffer |
| **Für die Brotwürfel:** |
| 100 g Weißbrot vom Vortag |
| 30 g Butter |
| **Außerdem:** |
| 100 g halbfester Schnittkäse, vorzugsweise Mondseer |
| 1 Bund Schnittlauch |

1. Die Zwiebel und den Knoblauch schälen und fein hacken. Die Butter in einem entsprechend großen Topf zerlassen und die Zwiebel- und Knoblauchwürfel darin unter Rühren glasig anschwitzen. Das Mehl darüberstauben und unter Rühren hell anschwitzen. Die Brühe zugießen, einmal aufkochen lassen, die Hitze reduzieren und die Brühe etwa 15 Minuten köcheln lassen.

2. Den Käse entrinden und grob raspeln. Die Käseraspel unter die Suppe rühren und diese erneut kurz aufkochen lassen. Den Kümmel einstreuen und unterrühren, salzen und pfeffern. Die Suppe warm halten.

3. Für die Einlage das Weißbrot in Würfel schneiden. Die Butter in einer kleinen Pfanne zerlassen und die Brotwürfel darin unter Wenden bräunen. In der Zwischenzeit den Käse in Streifen schneiden. Den Schnittlauch waschen, trockenschütteln und in feine Röllchen schneiden.

4. Die Suppe in Teller schöpfen, die Brotwürfel und die Käsestreifen darauf verteilen. Die Suppe kurz unter dem vorgeheizten Grill überbacken. Mit Schnittlauchröllchen bestreuen und sofort servieren, damit das Brot schön knusprig bleibt.

**Knoblauch, Kümmel und Schnittlauch** geben der Suppe, abgesehen vom Käse natürlich, ihren herzhaften Geschmack. Als Getränk dazu empfiehlt sich ein gut gekühlter Weißwein. Und das darf ruhig ein kräftig-fruchtiger sein.

# Tafelspitzbouillon mit Leberknödeln

DIE BRÜHE, IN DER DAS RINDFLEISCH SANFT GART, IST EIN GENUSS FÜR SICH – DEN TAFELSPITZ SELBST GIBT'S ALS FEINE EINLAGE.

| **Für 6 bis 8 Portionen** |
|---|
| 1 Zwiebel (etwa 80 g), 1 TL Salz, 1,2 kg Tafelspitz |
| 1 Lorbeerblatt, 5 weiße Pfefferkörner |
| 5 Stengel Petersilie |
| 100 g Möhren, 80 g Knollensellerie, 80 g Lauch |
| **Für die Leberknödel:** |
| 4 Brötchen vom Vortag, Salz |
| etwa 1/4 l lauwarme Milch, 200 g Rinderleber |
| 60 g Zwiebel, 30 g Butter, 1 EL gehackte Petersilie |
| 2 Eier, Pfeffer, 1 TL gehackter Majoran |
| etwas abgeriebene, unbehandelte Zitronenschale |
| **Für die Gemüseeinlage:** |
| 150 g Erbsen in der Schote, 30 g Knollensellerie |
| je 50 g Möhre, Lauch und Zucchini |
| 100 g Blumenkohlröschen |
| **Außerdem:** |
| 2 EL Schnittlauchröllchen |

1. Die Zwiebel ungeschält halbieren und mit den Schnittflächen nach unten auf eine heiße Herdplatte legen, bis die Hälften dunkelbraun sind. In einem großen Topf 2 1/2 l Wasser mit dem Salz zum Kochen bringen. Den Tafelspitz einlegen, Lorbeerblatt, Pfefferkörner, Petersilienstengel und die gebräunten Zwiebelhälften zufügen, die Hitze reduzieren und den Topfinhalt 1 1/2 bis 2 Stunden köcheln lassen, dabei den aufsteigenden Schaum abschöpfen. Inzwischen die Möhren und den Knollensellerie schälen, den Lauch putzen, waschen und alles in grobe Stücke schneiden. Das vorbereitete Gemüse etwa 40 Minuten vor Ende der Garzeit in die Brühe einlegen.

2. Für die Knödel die Brötchen in sehr dünne Scheiben schneiden, salzen, mit der Milch begießen und zugedeckt im Kühlschrank einweichen lassen. Die Leber kalt waschen, trockentupfen und die Haut vorsichtig abziehen. Die Zwiebeln schälen und fein würfeln. Leber und Zwiebeln durch die feine Scheibe des Fleischwolfes drehen oder im Mixer pürieren. Die Butter erhitzen und die Petersilie darin andünsten. Die Brötchen leicht ausdrücken und mit allen übrigen Knödelzutaten zu einem lockeren Teig verarbeiten. Mit angefeuchteten Händen etwa 80 g schwere Knödel formen. In sprudelnd kochendes Salzwasser legen, die Hitze reduzieren. Die Knödel zunächst 10 Minuten leise kochen, dann weitere 5 bis 10 Minuten nur noch ziehen lassen.

3. Das Gemüse für die Einlage putzen, die Erbsen auspalen. Sellerie, Möhre, Lauch und Zucchini in 5 cm lange sehr feine Streifen schneiden. Den Blumenkohl in kochendem Salzwasser 5 Minuten garen. Anschließend im Abstand von je 1 Minute zuerst Sellerie und Möhre, dann Lauch und Erbsen und zum Schluß die Zucchini zufügen; letztere noch 1 Minute mitblanchieren. Herausheben, in Eiswasser abschrecken, abtropfen lassen.

4. Das Fleisch aus der Brühe heben, kurz ruhen lassen und in Scheiben schneiden. Die Brühe abseihen, abschmecken und erneut erhitzen. Das blanchierte Gemüse darin erwärmen. Die Suppe mit allen Einlagen in tiefen Tellern anrichten.

**Mit halbierten gelben Erbsen,** die hier statt der normalerweise mitgekochten ganzen Erbsen verwendet werden, kann man die sonst übliche Garzeit der Suppe etwa um die Hälfte verringern.

über Nacht Erbsen einweichen
2 1/4 Std. Kochzeit

# Märitsuppe

## EIN WÄHRSCHAFTES GERICHT AUS GETROCKNETEN ERBSEN, PÖKELFLEISCH UND GEMÜSE.

Aus der Schweizer Bundeshauptstadt stammt diese Spezialität, die oft auch schlicht als Berner Erbsensuppe bezeichnet wird. Märitsuppe heißt sie deshalb, weil sie ursprünglich vor allem an Markttagen gekocht wurde – und nach einem ausgedehnten Marktbummel, etwa an kalten, regnerischen Tagen, kommt sie auch heute noch gerade recht. Typischste Ingredienzen sind die getrockneten gelben Erbsen, die für eine appetitliche Farbe sorgen, sowie eine gepökelte Schweinshaxe, schweizerdeutsch ebenso liebevoll wie anschaulich »Gnagi« genannt.

| |
|---|
| 80 g getrocknete, halbierte gelbe Erbsen |
| 1,5 l ungesalzene Rinderbrühe |
| 1 gepökelte vordere Schweinshaxe (etwa 850 g) |
| 100 g Lauch |
| 80 g Knollensellerie |
| 100 g Möhren |
| 250 g festkochende Kartoffeln |
| 80 g Zwiebeln |
| 100 g roh geräucherter durchwachsener Speck |
| 20 g Butter |
| 1 Lorbeerblatt |
| 2 Zweige Thymian |
| Salz, frisch gemahlener Pfeffer |
| **Außerdem:** |
| 2 EL Schnittlauchröllchen |

**Schweinshaxe und Speck** machen die Märitsuppe schön kräftig und bringen so viel Geschmack mit, daß man sich beim Würzen ruhig ein wenig zurückhalten kann.

1. Die Erbsen in ein Sieb schütten und unter fließendem kaltem Wasser waschen. In einer Schüssel mit frischem kaltem Wasser bedecken und über Nacht einweichen. Am nächsten Tag das Einweichwasser abgießen, die Erbsen abseihen und gut abtropfen lassen.

2. Die Fleischbrühe in einem entsprechend großen Topf zum Kochen bringen. Die Schweinshaxe einlegen, die Hitze reduzieren und die Brühe 1 1/2 Stunden köcheln lassen.

3. In der Zwischenzeit den Lauch putzen, waschen und in dünne Ringe schneiden. Den Knollensellerie, die Möhren, die Kartoffeln und die Zwiebeln schälen. Den Sellerie in etwa 1 cm

große Würfel, die Möhren in dünne Scheiben und die Kartoffeln in 1 1/2 cm große Würfel schneiden. Die Zwiebeln fein hacken. Den Räucherspeck klein würfeln.

4. Die abgetropften Erbsen in den Topf schütten und weitere 15 Minuten mitkochen.

5. Die Butter in einer Pfanne zerlassen und den Speck darin ausbraten. Die Zwiebelwürfel unter gelegentlichem Rühren mitschwitzen, bis sie glasig sind. Den Lauch, den Sellerie und die Möhren zufügen und kurz mitdünsten.

6. Die Speck-Gemüse-Mischung aus der Pfanne zur Schweinshaxe geben, unterrühren, die Kartoffelwürfel zufügen, das Lorbeerblatt sowie die Thymianzweige einlegen und alles zusammen weitere 25 bis 30 Minuten kochen lassen. Bei Bedarf noch etwas Brühe nachgießen. Mit Salz und Pfeffer würzen.

7. Die Schweinshaxe aus der Suppe heben, das Fleisch auslösen und in Stücke schneiden. Die Suppe in eine Terrine füllen und die Fleischstücke einlegen. Vor dem Servieren mit Schnittlauchröllchen bestreuen.

**Im Südwesten der Schweiz** haben nicht nur schön verzierte und blumengeschmückte Holzhäuser und -balkone Tradition, sondern auch üppige Gerichte, wie die nebenstehende Rahmsuppe zeigt.

# Rahmsuppe mit Lauch

## AUF DER BASIS EINER EIGENS GEKOCHTEN, GESCHMACKVOLLEN HÜHNERBRÜHE.

Wird die Suppe mit Hühnerfleisch gewünscht, nach dem Zubereiten der Brühe das Huhn häuten, das Fleisch von den Knochen lösen, in mundgerechte Stücke teilen und in die fertige Suppe einlegen. Andernfalls das Hühnerfleisch anderweitig verwenden.

| |
|---|
| **Für 3 l Hühnerbrühe:** |
| 1 küchenfertiges Suppenhuhn (2 bis 2,5 kg) |
| 1 kg Kalbsknochen, in Scheiben, 20 Pfefferkörner |
| 2 angedrückte Knoblauchzehen |
| 1 Zwiebel (100 g), geschält und mit 4 Nelken gespickt |
| **Für das Bouquet garni:** |
| 80 g Möhren, 80 g Lauch, 40 g Stangensellerie |
| 2 Lorbeerblätter, 2 Thymianzweige |
| 6 Stengel Petersilie |
| **Für die Lauchsuppe:** |
| 250 g Lauch, 50 g Stangensellerie |
| 40 g Butter, 30 g Mehl, 150 ml Sahne |
| Salz, frisch gemahlener Pfeffer |
| frisch geriebene Muskatnuß |
| 20 g kalte Butter, in Stückchen |
| **Außerdem:** |
| 80 g Lauch, 20 g Butter, Salz, gemahlener Pfeffer |

**Eine Suppe für alle Fälle.** Da sämtliche der benötigten Zutaten rund ums Jahr problemlos und in guter Qualität erhältlich sind, ist diese delikate, appetitlich hellgrüne Suppe in der Zubereitung nicht auf eine bestimmte Saison beschränkt.

1. Das Huhn unter fließendem kaltem Wasser innen und außen waschen, abtropfen lassen und in vier Teile schneiden. Zusammen mit den Kalbsknochenscheiben in einem Topf mit heißem Wasser bedecken. Möglichst schnell zum Kochen bringen und aufwallen lassen, bis das Eiweiß mit den Schmutzstoffen an die Oberfläche steigt. Abgießen und das Huhn sowie die Knochen mit warmem Wasser abbrausen. Mit 4 l frischem Wasser wieder in den Topf füllen, erneut aufkochen und immer wieder den aufsteigenden Schaum abschöpfen. Die Hitze reduzieren und etwa 3 Stunden knapp unter dem Siedepunkt halten. Nach 2 Stunden Gewürze und Bouquet garni zufügen und, wenn nötig, Wasser nachfüllen.

2. Die Hühnerteile aus der Brühe nehmen. Ein Spitzsieb mit einem Passiertuch auslegen und die Brühe durchpassieren. Erkalten lassen und entfetten. 1 l Brühe für die Suppe verwenden, den Rest anderweitig verwenden oder einfrieren.

3. Den Lauch putzen, dabei den dunkelgrünen Teil entfernen. Den hellen Teil waschen und in kleine Stücke schneiden. Den Stangensellerie putzen, waschen und klein würfeln.

4. Die Butter in einem Topf zerlassen und Lauch sowie Sellerie darin farblos anschwitzen. Das Mehl darüberstauben und 1 bis 2 Minuten farblos anschwitzen. 1 l Brühe zugießen und glattrühren. Aufkochen, die Hitze reduzieren und die Brühe 20 Minuten köcheln lassen. Die Sahne unterrühren. Mit Salz, Pfeffer und Muskatnuß würzen. Die Suppe im Mixer fein pürieren und zurück in den Topf gießen. Die Butter unterrühren.

5. Für die Garnitur den Lauch putzen, waschen und in dünne Ringe schneiden. Die Butter in einer Kasserolle erhitzen und die Lauchringe darin 3 bis 4 Minuten anschwitzen. Salzen, pfeffern.

6. Die Suppe auf vorgewärmte Teller verteilen und mit den Lauchringen garnieren. Wenn gewünscht, das ausgelöste Hühnerfleisch einlegen. Die Suppe servieren.

# Pilzeintopf mit Rehklößchen

EIN HERBSTESSEN PAR EXCELLENCE – ZU DESSEN KRÄFTIGEM AROMA EIN ROTER VELTLINER AUSGEZEICHNTET MUNDET.

| |
|---|
| **Für etwa 1,5 l Wildfond:** |
| 1 kg Wildknochen, 15 ml Pflanzenöl |
| 1 Lorbeerblatt, 1 Nelke, 6 weiße Pfefferkörner |
| 3 Wacholderbeeren, 1 Zweig Thymian |
| **Für das Bouquet garni:** |
| 50 g Möhre, 50 g Petersilienwurzel |
| 40 g Lauch, 1 Knoblauchzehe |
| **Für die Wildklößchen:** |
| 150 g Rehfleisch (aus der Keule) |
| 150 g Schweinefleisch (aus der Schulter) |
| 30 g Zwiebel, 1 Knoblauchzehe |
| 4 Pimentkörner, 1 Wacholderbeere |
| 5 schwarze Pfefferkörner, 1/2 Lorbeerblatt |
| 1 EL gehackte Kräuter (Thymian, Petersilie) |
| 1 Ei, 1 EL Semmelbrösel (10 g), 30 ml Sahne |
| **Für den Eintopf:** |
| 350 g Steinpilze, 350 g Pfifferlinge |
| 40 g Frühlingszwiebel, 120 g Möhren |
| 100 g Knollensellerie, 50 g Petersilienwurzel |
| 500 g festkochende Kartoffeln |
| 30 g Butter, Salz, frisch gemahlener Pfeffer |
| 1 Lorbeerblatt, 5 Wacholderbeeren |
| 2 EL gehackte glatte Petersilie |
| **Außerdem:** |
| 100 g Crème fraîche |

1. Für den Wildfond die Knochen waschen, zerkleinern und zusammen mit dem Öl in einen Bräter füllen. Die Knochen bei 180 °C im vorgeheizten Ofen gleichmäßig rösten, dabei mehrfach mit einem Bratwender wenden. Haben sie eine gleichmäßige goldbraune Farbe angenommen, über einem Sieb abtropfen lassen. Die Knochen in einen großen Topf legen und so viel kaltes Wasser zugießen, daß sie gerade bedeckt sind. Aufkochen und den aufsteigenden Schaum vollständig abschöpfen. Kräuter, Gewürze und Bouquet garni zugeben. Die Hitze reduzieren und alles 1 1/2 Stunden leicht köcheln lassen. Ein Spitzsieb mit einem Passiertuch auslegen und den Fond durchseihen. Erkalten lassen und entfetten, dafür ein Stück Küchenpapier über die Oberfläche ziehen. Etwa 1,2 l Fond für den Eintopf abmessen. Den Rest kann man gut einfrieren.

2. Für die Klößchen beide Fleischarten in Stücke schneiden. Die Zwiebel sowie den Knoblauch schälen und klein schneiden. Alles durch die feine Scheibe des Fleischwolfes drehen. Pimentkörner, Wacholderbeere, Pfefferkörner und Lorbeerblatt im Mörser ganz fein zerreiben. Alle Zutaten für die Klößchen in einer Schüssel zu einem glatten Teig verkneten. 16 Klößchen formen.

3. Die Steinpilze sorgfältig putzen und in Stücke schneiden. Die Pfifferlinge putzen und je nach Größe halbieren oder vierteln. Die Frühlingszwiebeln putzen und fein hacken. Möhren, Sellerie und Petersilienwurzel schälen und 1/2 cm groß würfeln. Die Kartoffeln schälen und in 1,5 cm große Stücke schneiden.

4. Die Butter in einem Topf zerlassen und die Frühlingszwiebeln darin glasig anschwitzen. Das Gemüse und die Kartoffeln zufügen und kurz darin andünsten. Den Wildfond angießen, salzen und pfeffern. Lorbeerblatt und Wacholderbeeren einlegen. Aufkochen, die Hitze reduzieren und 15 Minuten köcheln lassen. Die Pilze zufügen und weitere 4 bis 5 Minuten köcheln lassen. Die Petersilie einstreuen. Abschmecken.

5. Inzwischen die Klößchen in kochendes Salzwasser legen, die Hitze reduzieren und in 10 Minuten garziehen lassen. Vorsichtig herausheben, abtropfen lassen und unter den Eintopf mischen. Den Pilzeintopf in tiefen Tellern anrichten und mit je 1 Klecks Crème fraîche garnieren.

**Frische Schafmilch** ist Voraussetzung für die Herstellung von Pecorino. Der würzige Hartkäse, der vor allem in Mittel- und Süditalien produziert wird, kann frisch gerieben nicht nur auf Pasta, sondern auch auf einer kräftigen Suppe das Tüpfelchen auf dem »i« sein.

# Minestrone aus Kampanien

## DER ITALIENISCHE SUPPENKLASSIKER PAR EXCELLENCE – HIER IN EINER VARIANTE AUS DEM SÜDWESTEN DES LANDES.

Die »Minestrone« zählt sicher ohne Übertreibung zu den bekanntesten Gemüsesuppen der Welt. Und wie es eben so ist mit Klassikern: Auch bei der Minestrone gibt es von Region zu Region die unterschiedlichsten Versionen. Was nicht weiter verwundert bei einer Suppe, die nach dem Grundprinzip »Quer-durch-den-Garten« zubereitet wird: Verwendet wird, was gerade Saison hat. In Kampanien steht Gemüse nahezu das ganze Jahr hindurch in bester Qualität zur Verfügung, gedeihen doch die unterschiedlichsten Sorten auf den fruchtbaren Feldern rund um den Vesuv in Hülle und Fülle. Im Unterschied zur Minestrone mit getrockneten weißen Bohnenkernen, die man im Norden gern mitkocht, wird diese Variante aus dem »Mezzogiorno«, dem Süden Italiens, deshalb auch ausschließlich aus frischen Gemüsen zubereitet.

| |
|---|
| 2 Knoblauchzehen |
| 100 g Zwiebeln |
| 80 g durchwachsener, roh geräucherter Speck |
| 2 l Gemüsefond |
| 200 g grüne Bohnen, 150 g Möhren |
| 150 g Knollensellerie |
| 80 g Lauch, 300 g Wirsing |
| 250 g Erbsen in der Schote (ausgepalt etwa 120 g) |
| 400 g festkochende Kartoffeln |
| 100 g Suppennudeln (etwa Ditali piccoli rigati) |
| 2 EL gehackte Petersilie |
| 1 EL in Streifen geschnittenes Basilikum |
| Salz, frisch gemahlener Pfeffer |
| **Außerdem:** |
| Basilikumblättchen zum Garnieren |
| 30 g frisch geriebener alter Pecorino nach Belieben |

1. Die Knoblauchzehen schälen und in Scheiben schneiden. Die Zwiebeln schälen und in Ringe schneiden. Den Speck klein würfeln.

2. Einen entsprechend großen Topf erhitzen und die Speckwürfel darin auslassen. Die Knoblauchscheiben und die Zwiebelringe farblos darin anschwitzen. Den Gemüsefond zugießen, einmal aufkochen lassen, die Hitze reduzieren und 20 Minuten köcheln lassen.

3. In der Zwischenzeit die Bohnen waschen, putzen und je nach Größe halbieren oder dritteln. Die Möhren und den Knollensellerie schälen und in 1 cm große Würfel schneiden. Den Lauch waschen, putzen und in 1 cm breite Ringe schneiden. Den Wirsingkopf halbieren, den Strunk entfernen, die Blätter in 1 cm breite Streifen schneiden, waschen und abtropfen lassen. Die Erbsen auspalen. Die Kartoffeln schälen und in 1 1/2 cm große Würfel schneiden.

4. Die Bohnen, die Möhren, den Sellerie und die Kartoffeln in der Suppe 10 Minuten mitköcheln lassen. Den Lauch und den Wirsing zufügen und weitere 5 Minuten köcheln lassen. Zum Schluß die Erbsen und die Nudeln einrühren und die Suppe weitere 10 Minuten garen.

5. Die Petersilie und das Basilikum einstreuen, salzen und pfeffern. Die Minestrone mit Basilikumblättchen garnieren, servieren und nach Belieben mit geriebenem Pecorino bestreuen.

# Zucchini-Cremesuppe

## ANGERICHTET MIT GEFÜLLTEN ZUCCHINIBLÜTEN: EIN VERGNÜGEN FÜR AUGEN UND GAUMEN ZUGLEICH.

| |
|---|
| 3 Zucchini (etwa 450 g) |
| 1 Knoblauchzehe, 80 g weiße Zwiebeln |
| 40 g Butter, 600 ml Kalbsfond |
| 1 Zweig Thymian |
| Salz, frisch gemahlener Pfeffer |
| 1/8 l Sahne |
| **Für die gefüllten Zucchiniblüten:** |
| 8 Zucchiniblüten, 75 g luftgetrockneter Schinken |
| 40 g weiße Zwiebel, 1 Knoblauchzehe |
| 80 g Aubergine |
| 200 g Paprikaschoten (rot, gelb oder grün) |
| 100 g Flaschentomaten, 3 EL Olivenöl |
| Salz, frisch gemahlener Pfeffer |
| 1 EL gehackte Kräuter |
| **Außerdem:** |
| Thymianblättchen |

**Thymian** ist eines der typischsten mediterranen Würzkräuter überhaupt. Seine Heimat sind die Macchien der Mittelmeerländer, wo er in der Wildform in verschwenderischer Fülle prächtig gedeiht.

**Die milde Cremesuppe** erhält durch die herzhafte Füllung der Zucchiniblüten einen höchst interessanten geschmacklichen Kontrapunkt.

1. Die Zucchini waschen, Stiel- und Blütenansatz entfernen. Von einer Frucht mit einem kleinen Kugelausstecher Perlen ausstechen und bis zur weiteren Verwendung zur Seite stellen. Die restlichen Zucchini in 1 cm große Stücke schneiden.

2. Knoblauch und Zwiebeln schälen, fein hakken. Die Butter in einem Topf zerlassen, Zucchini, Knoblauch und Zwiebeln darin 3 bis 4 Minuten anschwitzen. Mit dem Fond aufgießen, den Thymianzweig einlegen, salzen und pfeffern. Zugedeckt 15 Minuten köcheln lassen.

3. Den Thymianzweig entfernen. Den Topfinhalt im Mixer fein pürieren und zurück in den Topf gießen. Die Sahne unterrühren. Die Suppe weitere 10 Minuten köcheln lassen, abschmecken.

4. Die Zucchinikügelchen in leicht gesalzenem Wasser 3 bis 4 Minuten köcheln, herausnehmen, in einem Sieb gut abtropfen lassen und in die Suppe einlegen. Die Suppe warm halten.

5. Für die Einlage die Kelche der Zucchiniblüten vorsichtig öffnen und die Blütenstempel mit einem kleinen, scharfen Messer entfernen. Den Schinken klein würfeln. Die Zwiebel und den Knoblauch schälen. Die Aubergine putzen. Von den Paprikaschoten Stielansätze, Samen und Scheidewände entfernen. Die Tomaten blanchieren, häuten, halbieren, Stielansätze und Samen entfernen. Das Gemüse sehr klein würfeln.

6. Das Öl in einer Pfanne erhitzen, Schinken, Zwiebeln und Knoblauch darin hell anschwitzen. Aubergine und Paprika 1 bis 2 Minuten mitanschwitzen. Die Tomaten untermischen, die Hitze reduzieren und 10 Minuten dünsten. Salzen, pfeffern und die Kräuter (Salbei, Petersilie, Thymian, Rosmarin) einstreuen. Etwas abkühlen lassen.

7. Die Masse mit einem Teelöffel in die Blüten füllen. Zum Verschließen die Blütenspitzen zusammendrehen. Die Blüten in Frischhaltefolie wickeln, mit Küchengarn verschließen und in köchelndem Wasser 5 Minuten ziehen lassen.

8. Die Suppe in Teller schöpfen. Die Zucchiniblüten aus dem Wasser heben, die Frischhaltefolie entfernen und je zwei Blüten auf jedem Teller arrangieren. Die Suppe mit Thymianblättern bestreuen und servieren.

# Spinatsuppe mit Reis

FLEISCHBRÜHE IST DIE GRUNDLAGE DIESER LEICHTEN »MINESTRA MARIÀ«, WIE MAN SIE IN PIEMONT UND IM AOSTATAL LIEBT.

Vieler verschiedener oder gar ausgefallener Zutaten bedarf es nun wirklich nicht, will man diese schon fast unter die Kategorie »Schonkost« fallende Suppe zubereiten. Doch gerade deshalb fällt die Qualität der einzelnen Ingredienzen besonders ins Gewicht: Der Spinat muß wirklich jung und zart sein, die Brühe gehalt- und geschmackvoll – und der Käse kräftig und würzig.

| |
|---|
| 700 g junger Blattspinat, Salz |
| 40 g Zwiebel, 1 Knoblauchzehe |
| 40 g Butter, 120 g Langkornreis |
| 1 l Rinderbrühe, 1 Ei |
| 20 g frisch geriebener Parmesan |

| Außerdem: |
|---|
| 20 g frisch geriebener Parmesan zum Bestreuen |

1. Den Spinat verlesen, gründlich waschen und die dicken Stiele entfernen. Die Blätter in sprudelnd kochendem Salzwasser blanchieren, bis sie gerade zusammenfallen, herausheben, gut abtropfen lassen und das Wasser leicht ausdrücken. Den Spinat auskühlen lassen und grob hacken.

2. Die Zwiebel sowie den Knoblauch schälen und fein hacken. Die Butter in einem Topf erhitzen, die Zwiebel- und Knoblauchwürfel darin farblos anschwitzen. Den Reis zuschütten und glasig braten. Die Brühe angießen, aufkochen lassen, die Hitze reduzieren und den Reis 15 bis 20 Minuten köcheln lassen. Während der letzten 5 Minuten den Spinat mitgaren. Die Suppe salzen und pfeffern.

3. Das Ei in einer Suppenterrine mit dem Schneebesen verquirlen und den Parmesan untermischen. Mit einer Schöpfkelle ein Drittel der heißen Suppe angießen und unterrühren. Die restliche Suppe untermengen und sofort servieren. Den Käse zum Bestreuen separat dazu reichen.

**Frisch geriebener Parmesan** ist als Würze für diese einfache Suppe unverzichtbar. Deshalb sollte auch noch eine ausreichende Portion zum Bestreuen bei Tisch bereitstehen. Das Ei, das erst mit einem Teil des Käses verquirlt und dann in die Suppe gerührt wird, macht das Ganze noch ein wenig nahrhafter.

**In Chioggia,** wo das Wort Wasserweg wie in Venedig selbst für den Besucher eine ganz neue Dimension bekommt, liebt man Fisch und Meeresfrüchte in jeder Form – und versteht es vor allem, sie besonders raffiniert zuzubereiten.

# Muschelsuppe

## MIESMUSCHELN UND VIEL GEMÜSE – SANFT GEGART IN MUSCHELSUD, FISCHFOND UND WEISSWEIN.

Kein Wunder, daß die schwarzschaligen Muscheln mit dem leuchtend orangefarbenen Fleisch in Venedig und Umgebung so beliebt sind, erhält man sie dort doch von April bis September frisch aus der Lagune, in der die Miesmuschelzucht im großen Stil betrieben wird. Weithin sichtbares Kennzeichen dafür sind aus dem Wasser ragende Pfähle, an denen die Leinen für die Netze hängen. In ihnen wachsen die Schaltiere etwa anderthalb Jahre heran, bevor sie »geerntet« werden.

| |
|---|
| 1,5 kg Miesmuscheln |
| 120 g weiße Zwiebeln |
| 3 Knoblauchzehen |
| 3 EL Olivenöl |
| 200 ml Weißwein, 800 ml Fischfond |
| 500 g Tomaten, 100 g Möhren |
| grobes Meersalz nach Bedarf |
| grob gemahlener schwarzer Pfeffer |
| 3 EL gehackte Petersilie |
| **Für das geröstete Knoblauchbrot:** |
| 5 EL natives Olivenöl extra |
| 3 Knoblauchzehen |
| 4 bis 8 Scheiben italienisches Weißbrot |

**Zum Anrichten** schöpft man die Miesmuschelsuppe in vorgewärmte Teller, legt die restlichen Muscheln ein, bestreut die Suppe mit gehackter Petersilie und reicht dazu das knusprige Knoblauchbrot.

1. Die Muscheln unter fließendem kaltem Wasser gründlich abbürsten, um noch vorhandene Sand- und Kalkreste zu entfernen. Den Bart mit den Fingern abziehen. Geöffnete Muscheln wegwerfen, da sie verdorben sein könnten.

2. Die Zwiebeln schälen, halbieren und in dünne Scheiben schneiden. Den Knoblauch schälen und fein hacken. Das Öl in einem entsprechend großen Topf erhitzen, die Zwiebeln und den Knoblauch darin hell anschwitzen. Die Muscheln einlegen und mit dem Wein begießen. Zudecken und garen, bis sich alle Muscheln geöffnet haben – das dauert etwa 7 bis 8 Minuten –, dabei den Topf mehrmals kräftig rütteln. Geschlossene Exemplare entfernen, sie könnten verdorben sein.

Die Muscheln und die Zwiebelringe mit einem Schaumlöffel aus dem Fond heben und beiseite stellen. Den Muschelfond durch ein feines Haarsieb gießen, um eventuell vorhandene Sandreste zu entfernen.

3. Den Muschel- und den Fischfond in einem Topf langsam aufkochen. In der Zwischenzeit die Tomaten blanchieren, häuten, die Stielansätze entfernen, die Samen durch ein Sieb passieren und den aufgefangenen Tomatensaft zum Fond gießen. Das Fruchtfleisch der Tomaten in Würfel schneiden. Die Möhren putzen, schälen und in dünne Scheiben schneiden. Tomatenwürfel und Möhrenscheiben in den Fond rühren und etwa 10 Minuten köcheln lassen.

4. Zwei Drittel der Muscheln aus der Schale lösen und das Muschelfleisch zusammen mit den Zwiebeln in der Suppe erwärmen. Salzen und pfeffern.

5. Das Olivenöl für das Knoblauchbrot in eine kleine Schüssel füllen. Den Knoblauch schälen, durch eine Knoblauchpresse dazupressen und gut mit dem Öl verrühren. Die Brotscheiben auf einer Seite mit dem Knoblauchöl einpinseln, auf ein Backblech legen und bei 200 °C im vorgeheizten Ofen rösten.

# Rucolacremesuppe

## MIT EINER KNUSPRIGEN GARNITUR DER BESONDEREN ART – IN OLIVENÖL FRITIERTEN RUCOLABLÄTTERN.

Die Rauke, wie Rucola zu deutsch heißt, wächst auch in unseren Breiten wild und wurde bereits im Mittelalter zum Würzen ebenso wie zu medizinischen Zwecken geschätzt. Doch erst mit einem Umweg über die hierzulande so überaus beliebte italienische Küche kam sie auch bei uns wieder zu kulinarischen Ehren. Allerdings werden die gezahnten Blätter mit dem angenehm scharfen, leicht bitteren Geschmack überwiegend roh verwendet, etwa als Salat oder als Zutat für Pesto. Weniger bekannt ist, daß sie auch gegart – etwa gedünstet – hervorragend schmecken. Für die Suppe auf dieser Seite werden sie gar fritiert, wodurch sie einen besonders delikaten, nußartigen Geschmack bekommen.

| |
|---|
| 200 g Rucola |
| 300 ml natives Olivenöl extra |
| 70 g Schalotten |
| 1 Knoblauchzehe |
| 30 g Butter, 20 g Mehl |
| 1/8 l Weißwein |
| 1/2 l Geflügelfond |
| 1/4 l Sahne |
| Salz |
| Cayennepfeffer |

1. Vom Rucola die harten Stielenden abknipsen, die Blätter waschen und trockenschleudern. Das Öl in einem Topf erhitzen und den Rucola darin portionsweise kroß fritieren. Herausnehmen und auf Küchenpapier abtropfen lassen. Einige Blätter für die Garnitur zur Seite legen und die restlichen Blätter in kleine Stücke schneiden.

2. Die Schalotten sowie den Knoblauch schälen und ganz fein hacken. Die Butter in einem Topf erhitzen und die Schalotten- sowie die Knoblauchwürfel darin glasig schwitzen. Mit Mehl bestauben und dieses unter Rühren mitschwitzen, ohne es Farbe annehmen zu lassen. Mit dem Wein ablöschen und glattrühren.

3. Den Geflügelfond unter ständigem Rühren zugießen, alles glattrühren und 10 Minuten köcheln lassen. Die Sahne angießen und kurz mitkochen lassen. Mit Salz und Cayennepfeffer würzen. Die fritierten, kleingeschnittenen Rucolablätter untermischen.

4. Die Suppe im Mixer fein pürieren und durch ein Sieb wieder in den Topf passieren. Nochmals aufkochen, abschmecken und mit dem Mixstab aufschäumen. Die Suppe auf vorgewärmte Teller verteilen und mit den fritierten Rucolablättern garniert servieren.

**Fritierte Rucolablätter –** beim Zubereiten dieser ungewöhnlichen Suppeneinlage sollte man darauf achten, die Blätter vor dem Eintauchen ins heiße Öl sehr sorgfältig abzutrocknen oder trockenzuschleudern. Die Spritzgefahr ist sonst enorm!

# Fenchelsuppe

ZUPPA DI FINOCCHIO: ERFRISCHEND UND LEICHT, GEKRÖNT VON GERÖSTETEN BROTSCHEIBEN.

Vor allem in der Zeit von Oktober bis Mai findet man die weißlichen, aromatischen Knollen des Gemüsefenchels bei uns im Angebot. Je nach Sorte können sie rundlich oder länglich in der Form sein; im Geschmack unterscheiden sie sich jedoch nicht. Beim Einkauf sollte man vor allem darauf achten, daß die Schnittstellen an den Stielen nicht eingetrocknet sind, daß das fedrige Grün frisch aussieht und eine leuchtende Farbe hat – allein schon deswegen, weil das Kraut zum Wegwerfen viel zu schade ist. Fein gehackt, kann man es nicht nur als zusätzliche Würze für eine Fenchelsuppe verwenden, sein süßlicher, leicht brennender Geschmack gibt auch beispielsweise einem Gurkensalat eine neue geschmackliche Note.

| |
|---|
| 60 g luftgetrockneter durchwachsener Speck |
| 50 g weiße Zwiebel, 500 g Fenchel |
| 2 EL Olivenöl, 40 g Tomatenmark |
| 1 l Kalbsfond, Salz |
| je 1 EL Petersilie und Fenchelgrün, gehackt |

**Für das typische Fenchelaroma** mit seiner kräftigen Anisnote sorgen in dieser Suppe nicht allein die Knollen, sondern auch das gehackte frische Grün.

| Für das geröstete Brot: |
|---|
| 4 bis 8 Scheiben italienisches Landbrot, je nach Größe |
| 5 EL natives Olivenöl extra |
| **Außerdem:** |
| 30 g frisch geriebener Pecorino |
| 1 EL gehackte Kräuter (Petersilie, Fenchelgrün) |

**Tomatenmark** bereitet so manche Hausfrau in den südlichen Regionen Italiens noch selbst zu. Dafür wird püriertes Tomatenfruchtfleisch – auf eine Unterlage gestrichen – so lange in die pralle Sonne gestellt, bis die gewünschte Konzentration erreicht ist.

1. Den Speck in kleine Würfel schneiden. Die Zwiebel schälen und fein hacken. Die Fenchelknollen waschen, abtrocknen, den Wurzelansatz und die grünen Stengel abschneiden. Wenn nötig, die harten, äußeren Rippen entfernen. Den Fenchel längs vierteln, jeweils den Strunk entfernen und die Knollen klein würfeln.

2. Das Öl in einem entsprechend großen Topf erhitzen und den Speck darin auslassen. Die Zwiebel- sowie die Fenchelwürfel zugeben und glasig anschwitzen. Das Tomatenmark zügig unterrühren, es darf nicht anbrennen, sonst wird es bitter. Den Fond angießen und aufkochen lassen. Die Hitze reduzieren und den Topfinhalt zugedeckt 30 Minuten köcheln lassen. Salzen und die Kräuter einstreuen. Die Suppe nochmals aufkochen lassen, mit Salz und Pfeffer abschmecken.

3. In der Zwischenzeit die Brotscheiben auf ein Backblech legen, mit dem Öl beträufeln und bei 200 °C im vorgeheizten Ofen knusprig rösten.

4. Die Suppe in eine Terrine füllen. Das Brot aus dem Ofen nehmen und in die Suppe legen. Die Brotscheiben mit dem geriebenen Käse sowie den Kräutern bestreuen und die Suppe servieren.

# Rote-Bete-Essenz mit Entenravioli

SUPPENKÜCHE VOM FEINSTEN – ELEGANT DIE ESSENZ, APART DIE EINLAGE: PASTA, GEFÜLLT MIT ENTENBRUST UND -LEBER.

| |
|---|
| 700 g Rote Bete, 100 g Möhren, 50 g Stangensellerie |
| 50 g Lauch, 80 g Zwiebeln, 2 Knoblauchzehen |
| 20 g Butter, 150 ml Weißwein |
| je 1 Zweig Thymian und Rosmarin, 2 Lorbeerblätter |
| 2 Nelken, 5 Pimentkörner, 10 weiße Pfefferkörner |
| **Zum Klären:** |
| 400 g Rinderwade, 300 g Rote Bete, 1 Knoblauchzehe |
| 30 g Stangensellerie, 50 g Lauch, 5 Eiweiße |
| je 1 Zweig Thymian und Rosmarin |
| **Für den Ravioli-Teig:** |
| 100 g doppelgriffiges Weizenmehl Type 405 |
| 1 Ei, 1 Eigelb, Salz, Wasser nach Bedarf |
| **Für die Füllung:** |
| 100 g Entenbrust ohne Haut, 40 g Entenstopfleber |
| 20 g Schalotte, 1 TL Butter |
| 1 Messerspitze abgeriebene Orangenschale |
| 60 ml frisch gepreßter Orangensaft, 80 ml Sahne |
| 1 TL gehackter Thymian, Salz, weißer Pfeffer |
| **Außerdem:** |
| Petersilienblättchen zum Garnieren |

Die Rote Bete sowie das übrige Gemüse schälen beziehungsweise putzen und klein würfeln. Die Butter in einem Topf zerlassen, Zwiebeln und Knoblauch darin hell anschwitzen. Das restliche Gemüse kurz mitschwitzen. Mit dem Wein ablöschen. Kräuter und Gewürze einlegen und 2 1/2 l Wasser zugießen. Aufkochen, die Hitze reduzieren und alles 1 Stunde köcheln lassen. Vom Herd nehmen und noch 1 weitere Stunde ziehen lassen. Durch ein Sieb passieren und die Brühe ganz erkalten lassen. Zum Klären die Rinderwade kleinschneiden. Das Gemüse putzen oder schälen und klein würfeln. Weiterverfahren, wie gezeigt. Für die Ravioli einen glatten Teig aus den angegebenen Zutaten kneten, zur Kugel formen, in Folie wickeln und 1 Stunde kühl ruhen lassen. Für die Füllung das Fleisch und die Stopfleber klein würfeln und kurz tiefkühlen. Schalotte schälen, fein hacken und in der Butter glasig anschwitzen. Orangenschale und -saft einrühren, einkochen und abkühlen lassen. Fleisch, Leber, Schalotten und Sahne im Mixer pürieren, durch ein Sieb passieren, würzen. Den Nudelteig so dünn wie möglich ausrollen. 4 cm große Quadrate schneiden. Auf jedes Quadrat etwas Füllung setzen, den Teig zu Dreiecken zusammenlegen und die Kanten zusammendrücken. Die Ravioli in kochendes Salzwasser legen und garen, bis sie an die Oberfläche steigen. Herausnehmen, abtropfen lassen. Die heiße Rote-Bete-Essenz in Teller füllen, Ravioli einlegen und mit Petersilie garnieren.

Zum Klären das Fleisch und das Gemüse durch die grobe Scheibe des Fleischwolfes drehen.

Die Fleisch-Gemüse-Mischung in einem Topf mit dem Eiweiß verrühren. Die Kräuter einlegen.

Etwa 1 1/4 l der kalten Rote-Bete-Brühe zugießen und unter ständigem Rühren zum Kochen bringen.

Sobald sich weißer Schaum bildet und das Klärfleisch aufsteigt, die Hitze reduzieren. 15 Minuten köcheln.

Durch ein mit einem Passiertuch ausgelegtes Spitzsieb gießen. Abschmecken. Aufkochen und entfetten.

# Ribollita

## KLASSISCH TOSKANISCH: »WIEDER AUFGEKOCHTE« BOHNENSUPPE, MIT PARMESAN ÜBERBACKEN.

»Wovon man besonders schwärmt, wenn sie wieder aufgewärmt«: So könnte, frei nach Wilhelm Busch, das Motto für diese Suppe heißen. Ursprünglich war sie nichts anderes als eine zugegebenermaßen leckere Resteverwertung. Die einmal zubereitete Suppe wurde immer wieder aufgewärmt, dickte dabei weiter ein – und schmeckte immer besser. In der Toskana kocht man übrigens statt des Schinkens am Stück gern den Knochen eines luftgetrockneten Schinkens mit. Entscheidet man sich für diese Variante, entfernt man den Knochen vor dem Gratinieren, löst das Fleisch ab, würfelt es und rührt es wieder in die Suppe.

| Für 4 bis 6 Portionen |
|---|
| 250 g getrocknete weiße Bohnen |
| 1 Knoblauchzehe, 80 g weiße Zwiebeln |
| 4 EL Olivenöl |
| 150 g luftgetrockneter Schinken am Stück |
| 1 kleiner getrockneter Peperoncino |
| 2 Zweige Thymian, 1 kleiner Zweig Rosmarin |
| 100 g Möhren, 80 g Stangensellerie |
| 100 g Lauch, 150 g Mangold |
| Salz, frisch gemahlener Pfeffer |

**Das Gratinieren mit Parmesan** ist die verfeinerte Variante des »Wiederaufkochens«. Kommt das winterliche Gericht nicht noch einmal in den Ofen, nennt man es auch schlicht »Zuppa di pane«, Brotsuppe.

| Außerdem: |
|---|
| 4 bis 6 Scheiben geröstetes Landbrot aus der Toskana |
| 50 g frisch geriebener Parmesan |

1. Die Bohnen in einer Schüssel mit kaltem Wasser bedecken und über Nacht einweichen. Am nächsten Tag das Einweichwasser abgießen, die Bohnen abseihen und abtropfen lassen.

2. Den Knoblauch und die Zwiebeln schälen und beides sehr fein hacken. Die Hälfte des Olivenöls in einem entsprechend großen Topf erhitzen und die Knoblauch- und Zwiebelwürfel darin farblos anschwitzen. Die Bohnen zugeben, den Schinken einlegen und 2 l Wasser angießen. Alles zum Kochen bringen, die Hitze reduzieren, den Peperoncino sowie die Thymianzweige und den

Rosmarinzweig einlegen. Alles im geschlossenen Topf etwa 1 Stunde köcheln lassen.

3. Inzwischen die Möhren schälen und in 1/2 cm große Würfel schneiden. Den Sellerie putzen und in Scheibchen schneiden. Den Lauch putzen, waschen und in feine Ringe schneiden. Den Mangold putzen und die Blätter in etwa 1 cm breite Streifen schneiden.

4. Das restliche Öl in einer Pfanne erhitzen und die Möhrenwürfel, die Selleriescheiben und die Lauchringe darin unter Wenden 3 bis 4 Minuten anschwitzen. Das Gemüse unter die Bohnen rühren und weitere 40 Minuten garen. Zum Schluß die Mangoldstreifen in die Suppe geben und noch weitere 20 bis 25 Minuten garen.

5. Den Schinken aus der Suppe nehmen und in sehr kleine Würfel schneiden. Bis zur weiteren Verwendung zur Seite stellen.

6. Die Hälfte der Suppe im Mixer fein pürieren und zurück in den Topf gießen. Die Schinkenwürfel einstreuen, salzen und pfeffern.

7. Die gerösteten Brotscheiben in tiefe Suppenteller legen und mit der Hälfte des Parmesans bestreuen. Die Suppe darauf verteilen, mit dem restlichen Käse bestreuen und unter dem vorgeheizten Grill kurz gratinieren.

# Toskanische Gemüsesuppe mit Bohnen und Artischocken

## DIE TRADITIONELLE »ZUPPA GARMUGIA« WIRD MIT FRISCH GERÖSTETEN CROUTONS GEREICHT.

Braune Bohnen sind wegen ihres herzhaften Aromas sehr gut für Suppen und Eintöpfe geeignet. Sie sind als Trocken- und als Dosenware erhältlich. Getrocknet und eingeweicht, sind sie nach 1 bis 2 Stunden gar. Wer Bohnen gerne sehr weich gekocht ißt, sollte die für sie angebene Garzeit entsprechend verlängern. Braune Bohnen aus der Dose muß man lediglich unter fließendem kaltem Wasser abbrausen und der Suppe 10 Minuten vor Ende der Garzeit hinzufügen.

| |
|---|
| 80 g braune Bohnen, Salz |
| 50 g roh geräucherter durchwachsener Speck |
| 80 g Lauch, 80 g Zwiebeln |
| 250 g Erbsen in der Schote (netto etwa 100 g) |
| 300 g kleine Artischocken ohne Stiel |
| 3 EL Olivenöl, 120 g Hackfleisch vom Rind |
| 1 l Rinder- oder Gemüsefond |
| frisch gemahlener Pfeffer |
| **Für die Croûtons:** |
| 50 g Weißbrot ohne Rinde |
| 2 EL Olivenöl, 1 Knoblauchzehe |

**Einige Artischockensorten** kann man, wenn sie jung und zart sind, komplett zubereiten und genießen. Sie werden in Italien sogar fertig gekocht angeboten. Kleine, dornige Artischocken werden wie die großen Sorten vorbereitet.

1. Die Bohnen in einer Schüssel mit kaltem Wasser bedecken und über Nacht einweichen lassen. Am nächsten Tag das Einweichwasser abgießen, die Bohnen in ein Sieb schütten und mit frischem Wasser gut durchspülen. In einen Topf mit leicht gesalzenem Wasser aufkochen, die Hitze reduzieren und die Bohnen mindestens 45 Minuten köcheln lassen. Abseihen und abtropfen lassen.

2. Den Speck klein würfeln. Den Lauch putzen, waschen und schräg in 1/2 cm breite Scheiben schneiden. Die Zwiebeln schälen und in feine Ringe schneiden. Die Erbsen auspalen.

3. Falls nötig von den Artischocken die kleinen, harten Blätter rund um den Stielansatz abzupfen. Mit einer Schere die stacheligen Spitzen der Blätter entfernen. Den oberen Teil der Artischocken – das ist etwa ein Drittel – mit einem scharfen Messer gerade abschneiden. Die Artischocken vierteln und den faserigen, ungenießbaren Flaum, das sogenannte »Heu«, mit einem Teelöffel entfernen.

4. Das Öl in einem Topf erhitzen und das Hackfleisch darin krümelig braten. Den Speck mitbraten. Den Lauch und die Zwiebeln zufügen und glasig anschwitzen. Den Fond zugießen und alles aufkochen. Die Bohnen und die Artischockenviertel hinzufügen, die Hitze reduzieren und die Suppe 10 Minuten köcheln lassen. Die Erbsen zugeben, salzen, pfeffern und die Suppe weitere 10 Minuten köcheln lassen.

5. Für die Einlage das Brot in 1 cm große Würfel schneiden. Das Öl in einer Pfanne erhitzen. Den Knoblauch schälen und durch eine Knoblauchpresse in die Pfanne drücken. Die Brotwürfel zugeben und darin knusprig rösten. Die Suppe in Teller schöpfen, mit den Brotwürfeln anrichten und sofort servieren.

**Ährenfischchen** sind genauso zart wie sie aussehen. Deshalb können sie fast ohne weitere Vorbereitung gegart werden: Weder Schuppen noch Entgräten, nicht einmal Ausnehmen ist nötig.

# Gemüsesuppe mit Ährenfischchen

## ZUR LEICHTEN SOMMERSUPPE REICHT MAN AM BESTEN FETTUNTA – GERÖSTETES KNOBLAUCHBROT.

Nahezu jeder Besucher mediterraner Länder hat sie schon einmal gegessen, die winzigen Ährenfische, die oft unter dem Namen Aquadelle in den Handel kommen. Meist werden sie im ganzen gebraten oder fritiert – von einem knusprigen Teigmantel umhüllt oder vor dem Braten mariniert. Wenn man der Fischchen habhaft wird, sollte man die Gelegenheit nutzen und die vorgeschlagene Gemüsesuppe mit ihnen kochen. Fettunta kann man übrigens ganz nach Lust und Laune zubereiten. Für die einfachste Variante werden geröstete Weißbrotscheiben mit Knoblauchzehen abgerieben und mit dickem, grünem, fruchtigem Olivenöl beträufelt, doch kann man das Brot auch zusätzlich mit Kräutern aromatisieren. Vorzüglich schmeckt etwa eine Mischung von 2 fein gehackten Knoblauchzehen und 1 TL Petersilie, die man auf eine frisch geröstete Scheibe Ciabatta oder Landbrot streicht, mit 2 EL Olivenöl beträufelt, salzt, pfeffert und so heiß wie möglich serviert. Statt Petersilie pur kann man aber auch eine Mischung aus Petersilie, Salbei, Oregano und Thymian verwenden.

**Fisch und Gemüse** – in allen Küchen der Welt eine klassische Kombination. Und nicht nur aus Pfanne oder Ofen äußerst empfehlenswert, sondern auch aus dem Suppentopf.

**Fettunta** ist ein beliebter toskanischer »Snack« – vor allem, weil sie so leicht und schnell zuzubereiten ist, aber auch, weil sie hervorragend schmeckt.

| |
|---|
| 300 g Ährenfische (Aquadelle) |
| 40 g Schalotten, 1 Knoblauchzehe |
| 80 g Lauch |
| 50 g Stangensellerie |
| 80 g Möhren, 250 g Tomaten |
| 2 EL Olivenöl |
| 1/8 l Weißwein, 800 ml Fischfond |
| 1 TL Zitronensaft |
| Salz, frisch gemahlener Pfeffer |
| **Außerdem:** |
| 1 EL gehackter Estragon, Estragonzweige |

1. Die Ährenfische vorsichtig in ein großes Sieb legen, unter fließendem kaltem Wasser abspülen, gut abtropfen lassen und bis zur weiteren Verwendung in den Kühlschrank stellen.

2. Die Schalotten schälen und in feine Ringe schneiden. Die Knoblauchzehe schälen und fein hacken. Den Lauch putzen, gründlich waschen und in dünne Ringe schneiden. Den Stangensellerie putzen und in feine Scheibchen schneiden. Die Möhren schälen und in dünne Scheiben schneiden. Tomaten blanchieren, abschrecken, häuten und vierteln. Die Samen durch ein feines Sieb passieren, den Tomatensaft auffangen und das Fruchtfleisch in kleine Würfel schneiden.

3. Das Öl in einem großen Topf erhitzen und die Schalottenringe sowie die Knoblauchwürfel darin farblos anschwitzen. Die Lauchringe sowie die Sellerie- und die Möhrenscheiben zufügen und kurz mitschwitzen.

4. Mit dem Weißwein ablöschen und alles im Topf weitere 5 Minuten köcheln lassen. Die Tomatenwürfel und den Tomatensaft einrühren, den Fischfond zugießen, die Hitze reduzieren und die Suppe weitere 8 Minuten köcheln lassen. Mit Zitronensaft, Salz und Pfeffer würzen.

5. Die Ährenfische zufügen und 4 bis 5 Minuten bei geringer Hitze mitköcheln lassen. Die Suppe abschmecken, in Teller schöpfen, mit dem gehackten Estragon bestreuen, mit den Estragonzweigen garnieren und servieren.

**Im Mittelmeer** werden Fische und Meeresfrüchte meist mit dem Schleppnetz gefangen. Nur kleine Kutter, die auf den Fang von hochwertigem Fisch spezialisiert sind, verwenden eine Langleine.

# Minestra di verdura con rana pescatrice

## EINE FEINE, PÜRIERTE GEMÜSESUPPE MIT SEETEUFEL, SCAMPI UND MILDEM GEHOBELTEN KÄSE.

Denkt man in der Regel bei einer Gemüsesuppe an eine dicke, klare Suppe mit verschiedenen Gemüsesorten wie Sellerie, Möhren, Lauch, weißen Bohnen, die um Kartoffeln, Nudeln, Speck oder Fleisch ergänzt werden, wird man hier mit einer feinen Rezeptur überrascht. Die edle Gemüsesuppe mundet noch besser, wenn man sich die Mühe macht, den Gemüsefond selbst aus frischen Produkten herzustellen.

**Die verschiedenen Arten von Caciotta** werden in Mittelitalien hergestellt, überwiegend aus Kuh- oder Schafmilch und seltener aus einer Mischung aus Kuh-, Schaf- und Ziegenmilch. Hier wird ein alter Caciotto mit einem festen Teig benötigt. Sein Aroma ist angenehm mild und süßlich.

| |
|---|
| 100 g Zwiebeln |
| 2 Knoblauchzehen |
| 500 g Tomaten |
| 300 g gelbe Paprikaschoten |
| 350 g mehligkochende Kartoffeln |
| 4 EL Olivenöl |
| 30 g Tomatenmark |

**Der Seeteufel** hat, abgesehen von der Wirbelsäule, ein praktisch grätenfreies Fleisch. Es ist zudem sehr fest und eignet sich deshalb sehr gut dazu, mit den Scampischwänzen in der Suppe serviert zu werden,

| |
|---|
| etwa 1 l Gemüsefond |
| Salz, frisch gemahlener Pfeffer |
| 500 g Seeteufel ohne Haut, 4 Scampi |
| 4 EL Olivenöl |
| Salz, frisch gemahlener Pfeffer |
| **Außerdem:** |
| kleine Basilikumblättchen |
| 30 g frisch gehobelter alter Caciotta |

1. Die Zwiebeln und den Knoblauch schälen und fein hacken. Die Tomaten blanchieren, abschrecken, häuten und vierteln. Stielansätze und Samen entfernen und letztere durch ein Sieb passieren, den Tomatensaft dabei auffangen. Das Fruchtfleisch klein schneiden. Die Paprikaschoten halbieren, Stielansatz, Samen sowie die Scheide-

wände entfernen und das Fruchtfleisch klein schneiden. Die Kartoffeln schälen und würfeln.

2. Das Öl in einem entsprechend großen Topf erhitzen, die Zwiebel- und Knoblauchwürfel darin farblos anschwitzen. Die Tomaten-, Paprika- und Kartoffelstücke zufügen und 5 Minuten mitdünsten. Das Tomatenmark einrühren und 2 Minuten mitbraten. Den Tomatensaft und den Fond angießen, salzen und pfeffern. Zum Kochen bringen, die Hitze reduzieren und das Gemüse 25 Minuten köcheln lassen. Mit dem Mixstab fein pürieren, abschmecken und warm halten.

3. Den Seeteufel unter fließendem kaltem Wasser waschen, trockentupfen und eventuell vorhandene Hautreste entfernen. Den Fisch in 1,5 bis 2 cm starke Scheiben schneiden; seine Wirbelsäule läßt sich mit einem schweren Messer leicht durchtrennen. Die Scampischwänze vom Kopfteil abdrehen und den Darm entfernen.

4. Das Öl in einer entsprechend großen Pfanne erhitzen. Die Fischscheiben mit Salz sowie Pfeffer würzen und in dem Öl von jeder Seite etwa 2 Minuten braten. Die Scampi zufügen und noch 1 Minute mitbraten.

5. Die Gemüsesuppe in vorgewärmte Suppenteller schöpfen. Die Fischscheiben und die Scampischwänze einlegen. Mit den Basilikumblättchen und dem gehobeltem Käse garniert servieren.

# Zwiebelsuppe

## MIT EINER DEFTIGEN EINLAGE IST DIE »CIPOLLATA« EINE IDEALE SUPPE FÜR WINTERLICHE TAGE.

Ein Vinschgauer Fladen, flaches Brot aus Roggen- und Weizenmehl, das mit Fenchel-, Anis- oder Kümmelsamen aromatisiert ist, paßt hervorragend zu dieser herzhaften Suppe und trägt überdies noch zu ihrer Bekömmlichkeit bei. Anstelle des Emmentalers oder Bergkäses kann man die Brotscheiben auch mit geriebenem Parmesan bestreuen.

| |
|---|
| 100 g roh geräucherter durchwachsener Speck |
| 500 g Zwiebeln, 600 g Tomaten |
| 4 EL Olivenöl, 20 g Butter, 1 TL Zucker |
| 1 l Gemüse- oder Geflügelfond |
| Salz, grob gemahlener schwarzer Pfeffer |
| **Für die Einlage:** |
| 1 Vinschgauer (etwa 150 g) |
| 2 bis 3 EL natives Olivenöl extra, 2 Eier |
| Salz, frisch gemahlener Pfeffer |
| 10 g Butter |
| 80 g geriebener Hartkäse (Emmentaler, Bergkäse) |
| 1 EL gehackte Kräuter (Petersilie, Basilikum) |

1. Den Speck in kleine Würfel schneiden. Die Zwiebeln schälen und in dünne Ringe schneiden; am besten geht das mit einer Aufschnittmaschine. Die Tomaten blanchieren, kalt abschrecken, häuten und vierteln. Stielansatz und Samen entfernen und letztere durch ein Sieb passieren, dabei den Tomatensaft auffangen und das Fruchtfleisch in etwa 1/2 cm große Würfel schneiden.

2. Einen Topf erhitzen und den Speck darin auslassen. Öl, Butter und Zwiebeln zufügen, mit dem Zucker bestreuen und bei mittlerer Hitze in etwa 15 Minuten goldbraun braten.

3. Fond und Tomatensaft zugießen und die Tomatenwürfel einrühren. Mit Salz und Pfeffer würzen. Zum Kochen bringen, die Hitze reduzieren und den Topfinhalt 15 bis 20 Minuten köcheln lassen. Bei Bedarf noch etwas Fond angießen und abschmecken.

4. Für die Einlage das Brot in etwa 1,5 cm dicke Scheiben schneiden. Auf ein Backblech legen, mit etwas Öl beträufeln und bei 200 °C im vorgeheizten Ofen goldgelb rösten.

5. Die Eier in einer Schüssel verquirlen, salzen und pfeffern. Die Butter in einer Pfanne zerlassen und die Eier hineingießen. Sobald sie zu stocken beginnen, mit einem Pfannenwender ständig rühren und zur Mitte hin schieben, bis das Rührei gleichmäßig cremig ist und noch feucht glänzt.

6. Die Zwiebelsuppe in vorgewärmte Suppenteller schöpfen. Die gerösteten Brotscheiben auflegen, diese mit dem Käse bestreuen sowie mit dem Rührei belegen und mit grob gemahlenem Pfeffer und den Kräutern bestreuen.

# Gulaschsuppe

## »GULYAS LEVES« – EIN KLASSIKER DER UNGARISCHEN KÜCHE.

Entgegen allen Vorurteilen, die die Suppe billiger Konservenware zu verdanken hat, ist sie, aus hochwertigen Produkten sorgfältig zubereitet, eine wahre Köstlichkeit. Erst durch das langsame Köcheln im Ofen wird sie so richtig sämig und schmackhaft. Man kann die Suppe hervorragend in größeren Mengen auf Vorrat zubereiten und aufwärmen beziehungsweise einfrieren.

**Gulyás leves** läßt sich je nach der bemessenen Menge als Suppe vorweg, Zwischenmahlzeit oder Hauptgericht servieren.

Die Butter in einem Topf zerlassen und die Zwiebelwürfel darin glasig dünsten.

Die Hitze reduzieren und das Paprikapulver in der Butter angehen lassen, es darf nicht anbrennen!

Das Tomatenmark unter die gewürzten Zwiebeln rühren. Mit dem Essig ablöschen.

Die Fleischwürfel salzen und in den Topf füllen. Mit Knoblauch, Kümmel und Majoran würzen.

Wenig kaltes Wasser angießen, etwas einkochen lassen, den Topf schließen. Etwa 20 Minuten dünsten.

Die vorbereiteten Kartoffelwürfel zufügen und unter das Fleisch mischen.

Mit reichlich Wasser aufgießen und köcheln lassen, bis die Kartoffeln zu zerfallen beginnen.

| |
|---|
| 600 g schieres Rindfleisch (aus Wade oder Schulter) |
| 200 g Zwiebeln |
| 1 Knoblauchzehe |
| 30 g Butter |
| 1 EL Paprikapulver, edelsüß |
| 1 EL Tomatenmark |
| 1 EL Essig |
| Salz |
| 1 Messerspitze gemahlener Kümmel |
| 1/2 TL Majoran |
| 200 g mehligkochende Kartoffeln |

Um das Fleisch besser schneiden zu können, empfiehlt es sich, das Fleischstück kurz vor der Zubereitung in die Tiefkühltruhe beziehungsweise in das Eisfach des Kühlschranks zu legen. Das leicht angefrorene Fleisch zuerst in etwa 1 cm dicke Scheiben und dann in gleichmäßige Würfel zu schneiden. Die Zwiebeln schälen und fein schneiden. Den Knoblauch schälen und fein hacken. Die Gulaschsuppe zubereiten, wie in der Bildfolge gezeigt. Während das Fleisch gart, die Kartoffeln waschen, schälen und in etwa 1 cm große Würfel schneiden. Die Zubereitung der Suppe erfolgt auf dem Herd, bis die Kartoffeln in der Suppe zu zerfallen beginnen. Anschließend den Topf ohne Deckel in den auf 150 °C vorgeheizten Ofen stellen und die Suppe einige Stunden »vor sich hin köcheln« lassen.

**Der Dingač** zählt zu den Spitzenrotweinen Kroatiens. Er wird in gesetzlich geschützten Lagen Dalmatiens aus reifen, teils trockenen Plavač-Trauben gewonnen. Zu der Suppe gereicht, »mildert« seine volle Süße verbunden mit einer frischen Blume ihre Schärfe.

# Scharfe Pfeffersuppe

## EIN FEURIGER EINTOPF, ABGERUNDET DURCH FRISCHEN OREGANO UND BASILIKUM.

Essen ist in Kroatien, wie in allen Ländern des ehemaligen Jugoslawien, nach wie vor ein gemeinschaftliches Ereignis. Entsprechend wird eine Suppe traditionell im Topf oder dampfend in einer Terrine in die Mitte des Tisches gestellt und den um ihn Versammelten auf den Teller geschöpft. Möchte man diese Suppe also stilecht auf den Tisch bringen, kann man dem Vorbild der Kroaten folgen.

**Oregano** von feinstem herbwürzigem Aroma gedeiht in den Karstgebieten Kroatiens. Wie viele andere Kräuter, die sozusagen vor der Haustür wachsen, werden sie nicht zuletzt für das Würzen von rustikalen Eintöpfen verwendet.

| |
|---|
| 150 g getrocknete rote Bohnen |
| 750 g Rindfleisch (etwa aus der Schulter) |
| 150 g Zwiebeln |
| 1 Knoblauchzehe |
| Salz |

**Die deftigen Suppen** sind zwar nicht so berühmt wie die Fleischgerichte des Landes, stehen ihnen aber geschmacklich in nichts nach. Diese pfeffrige Suppe ist ein gutes Beispiel dafür.

| |
|---|
| 400 g grüne Paprikaschoten |
| 10 schwarze Oliven ohne Stein |
| 450 g Tomaten |
| 2 scharfe grüne Peperoni (etwa 20 g) |
| 2 EL Pflanzenöl |
| 1 l Fleischbrühe |
| 1 EL eingelegte, grüne Pfefferkörner (etwa 10 g) |
| **Außerdem:** |
| 1 TL grob gehackter Oregano |
| einige Basilikumblättchen |

1. Die Bohnen kalt abspülen, in einer Schüssel mit kaltem Wasser bedecken und über Nacht einweichen lassen. Am nächsten Tag das Einweichwasser abgießen, die Bohnen in ein Sieb schütten und gut abtropfen lassen.

2. Das Fleisch mit einem scharfen Messer in 1,5 cm große Würfel schneiden und bis zur weiteren Verwendung in den Kühlschrank stellen. Die Zwiebeln schälen und in dünne Ringe schneiden. Den Knoblauch schälen, auf eine Arbeitsfläche legen, mit etwa Salz bestreuen und mit einem Messerrücken fein zerreiben. Die Paprikaschoten waschen, halbieren, Stielansätze, Samen und Scheidewände entfernen und das Fruchtfleisch etwa 1 cm groß würfeln. Die Oliven halbieren. Die Tomaten blanchieren, häuten, vierteln, Stielansätze und Samen entfernen und das Fruchtfleisch in etwa 1/2 cm große Würfel schneiden. Die Peperoni halbieren, Samen und Scheidewände entfernen und das Fruchtfleisch in feine Streifen schneiden.

3. Das Öl in einem entsprechend großen Topf erhitzen und die Fleischwürfel darin rundherum anbraten. Die Zwiebelringe und den Knoblauch zugeben und kurz mitbraten. Die Oliven, die Paprika- und Tomatenwürfel sowie die abgetropften Bohnen zufügen. Die Brühe angießen. Die Peperoni und die Pfefferkörner zufügen, salzen.

4. Alles zum Kochen bringen, die Hitze reduzieren und die Pfeffersuppe etwa 90 Minuten köcheln lassen. Sollte sie zu sehr einkochen, etwas Brühe nachgießen. Abschmecken. Die Suppe mit Oregano und Basilikum bestreuen und servieren.

**Bei der Produktion von Paprikapulver** wird jeder Schritt vom Waschen über das Zerkleinern, Trocknen und Vermahlen bis hin zur Zwischenlagerung in Säcken streng überwacht. Dieses Paprikapulver wurde in Ungarn produziert, aber auch Rumänien hat eine bescheidene Zahl von Paprikamühlen vorzuweisen.

# Bunte Paprikasuppe

## DER EINFLUSS DER UNGARISCHEN AUF DIE RUMÄNISCHE KÜCHE IST HIER UNVERKENNBAR.

Im folgenden Rezept wird vorgeschlagen, die Paprikaschoten farblich ausgewogen zu mischen, um einen schönen, bunten Effekt zu erzielen. Da die Färbung der Früchte jedoch nur wenig Einfluß auf den Geschmack der Suppe hat, sind sie beliebig einsetzbar. Auch hinsichtlich der Frage, ob die Paprika in Ringe oder Streifen geschnitten werden, kann man ganz nach Gusto vorgehen. Sollte kein frischer Rosmarin zur Hand sein, kann man auch auf getrockneten zurückgreifen.

| |
|---|
| 40 g rote Kirschpaprika |
| 600 g Paprikaschoten, farblich ausgewogen gemischt |
| 100 g Zwiebeln |
| 1 Knoblauchzehe |
| 10 bis 12 frische Rosmarinnadeln |
| 1 EL Olivenöl |

**Schafskäse und Crème fraîche** bilden den kühlen Abschluß beim Anrichten der mildwürzigen Suppe.

| |
|---|
| 800 ml Gemüsefond |
| 3 TL Paprikapulver, edelsüß |
| 1 TL Paprikapulver, scharf, Salz |
| **Außerdem:** |
| 200 g Schafskäse |
| 1 bis 2 EL Crème fraîche |

1. Die Kirschpaprika waschen, den Stielansatz abschneiden, die Samen entfernen und das Fruchtfleisch in Ringe schneiden. Die Paprikaschoten waschen und abtropfen lassen. Will man das Fruchtfleisch der Paprikaschoten zu Ringen schneiden, die Stielansätze mit einem kleinen, spitzen Messer kreisförmig herausschneiden. Die Samen und Scheidewände mit einem Kugelausstecher sorgfältig herauskratzen und das Fruchtfleisch in Ringe schneiden. Oder die Schoten hal-

bieren, Stielansätze, Samen und Scheidewände entfernen und das Fruchtfleisch in Streifen schneiden. Die Zwiebeln und den Knoblauch schälen und fein hacken. Die Rosmarinnadeln waschen und ebenfalls fein hacken.

2. Das Olivenöl in einem entsprechend großen Topf erhitzen. Die Hitze reduzieren, die Zwiebel- und Knoblauchwürfel darin unter gelegentlichem Rühren glasig anschwitzen, den kleingehackten Rosmarin mitschwitzen. Die Paprikastücke zufügen und ebenfalls unter mehrfachem Rühren kurz anbraten.

3. Den Fond angießen und zum Kochen bringen. Mit edelsüßem und scharfem Paprikapulver würzen. Den Topf zudecken und die Suppe bei mittlerer Hitze garen, bis die Paprikastücke bißfest sind; das dauert etwa 6 Minuten. Salzen.

4. In der Zwischenzeit den Schafskäse in kleine Würfel schneiden. Die Suppe in vorgewärmte Teller schöpfen, mit einem Klecks Crème fraîche und etwas Schafskäse belegen.

# Tarator mit feiner Einlage

## MIT FORELLENMOUSSE GEFÜLLTE GURKEN VERFEINERN DIE BODENSTÄNDIGE SOMMERSUPPE.

In Bulgarien wird Tarator an heißen Sommerabenden als wohltuend kühlende Suppe serviert. Für die vorgeschlagene Zubereitung werden Minigurken benötigt. Diese Gurken mit einem Gewicht von 100 bis 250 g und einer Länge von bis zu 15 cm stammen ursprünglich aus Israel und der Türkei, werden aber wegen ihres besonders ausgeprägten Aromas zunehmend auch in Deutschland angebaut. Falls diese nicht erhältlich sein sollten, kann man auch eine herkömmliche Salatgurke verwenden.

**Die Gurkensuppe** kommt als Vorspeise eisgekühlt auf den Tisch. Traditioneller Begleiter ist ein ebensolcher Schnaps, der den Magen auf die weiteren Speisen einstimmen soll.

| |
|---|
| 500 g Minigurken |
| Salz, 3 Knoblauchzehen |
| 400 g Joghurt (3,5 % Fett) |
| frisch gemahlener weißer Pfeffer |
| 1 EL Olivenöl |
| 1 EL gehackter Dill |
| 1 EL gehackte Minze |
| **Für die gefüllten Gurken:** |
| 100 g Lachsforellenfilet, Salz |
| frisch gemahlener weißer Pfeffer |
| 1 Messerspitze gelbes Senfpulver |
| 1 Spritzer Zitronensaft |
| 100 ml eiskalte Sahne |
| 1 TL gehackter Dill |
| 2 Minigurken (je etwa 150 g) |

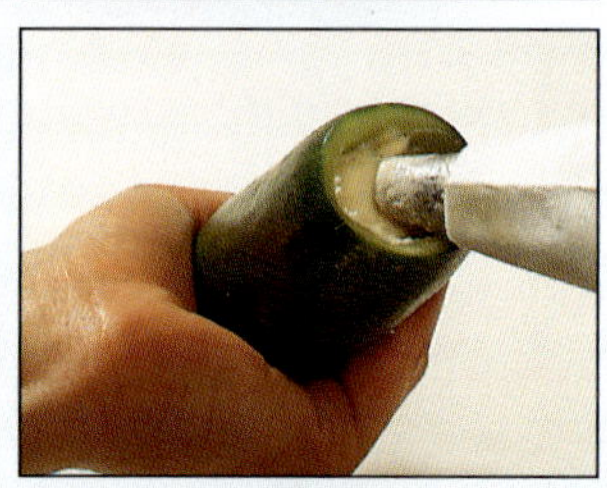

**Die Gurken** mit Hilfe eines Apfelausstechers aushöhlen. Die Farce in einen Spritzbeutel mit Lochtülle Nr. 2 füllen und in die Gurken spritzen. Mit den jeweiligen Kappen verschließen. Zwei entsprechend große Stücke Alufolie mit Butter bestreichen und je eine Gurke darin fest einwickeln. Die Enden der Folie zusammendrehen. Die Gurken durch die Folie hindurch mehrfach mit einer Nadel anstechen.

**Joghurt** hat in den Nationalküchen der Balkanländer– insbesondere in der bulgarischen, der griechischen und der türkischen – einen hohen Stellenwert.

| Außerdem: |
|---|
| etwas Butter für die Alufolie |
| 20 g Walnußkerne |
| gestoßene Eiswürfel |

Zunächst die gefüllten Gurken zubereiten. Dafür das Lachsforellenfilet in kleine Würfel schneiden und in eine Schüssel füllen. Mit Salz, Pfeffer und Senfpulver bestreuen sowie mit Zitronensaft beträufeln. Zudecken und im Kühlschrank durchziehen lassen, bis das Filet gut durchgekühlt ist, oder für 10 Minuten ins Tiefkühlfach stellen. Den Fisch mit der eiskalten Sahne im Mixer pürieren, bis eine glatte Farce entstanden ist. Die Farce durch ein feines Sieb streichen. Den Dill einrühren, die Farce abschmecken und bis zur weiteren Verwendung erneut kalt stellen. Die Gurken für die Einlage waschen, trockentupfen und jeweils beide Enden als Kappen abschneiden. Weiterverfahren, wie in der Bildfolge links gezeigt. Die in Alufolie eingewickelten Gurken auf ein Backblech legen und bei 180 °C im vorgeheizten Ofen 25 Minuten garen, dabei ab und zu drehen. Herausnehmen und in der Folie abkühlen lassen. Die Gurken für die Suppe waschen, schälen, längs halbieren und mit einem Teelöffel die Samen entfernen. Die Gurkenhälften in feine Streifen (Julienne) schneiden, in eine Schüssel legen, salzen und 30 Minuten ziehen lassen. Anschließend die Gurkenstreifen mit den Händen leicht ausdrücken. Den Knoblauch schälen und durch die Knoblauchpresse in eine Schüssel drücken. Den Joghurt unterrühren und nach Geschmack pfeffern. Das Olivenöl, den Dill und die Minze unterrühren. Die Gurken untermischen und die Suppe 1 Stunde im Kühlschrank durchziehen lassen. Die gefüllten Gurken aus der Alufolie wickeln und in Scheiben schneiden. Die gut gekühlte Suppe in tiefe Teller schöpfen und jeweils etwas gestoßenes Eis dazugeben. Mit den Gurkenscheiben sowie den Walnüssen garnieren und servieren.

**Zitronen** werden fast in ganz Griechenland angebaut und, so scheint es zumindest manchem Besucher, auch zu fast allen Speisen gereicht – meist in dicken Schnitzen, mit deren Saft man die Gerichte dann nach Belieben selbst beträufelt.

# Zitronensuppe

»KOTOSOUPA AVGOLEMONO«: EINE LEICHTE HÜHNERSUPPE, MIT EINER MISCHUNG AUS EI UND ZITRONE VERFEINERT.

Avgolemono, die in Griechenland häufig verwendete Eier-Zitronensaft-Mischung, kann in ihrer Heimat Bestandteil verschiedener Suppen sein, seien sie nun aus Fleisch, Fisch oder Geflügel gekocht. Auch zum Legieren von Saucen wird sie oft verwendet. Dank des Zitronensafts bringt sie eine angenehme Säure mit und sorgt für eine frische Note. Die in diesem Rezept angegebene Menge an Zitronensaft kann man, wenn man's säuerlicher mag, ohne weiteres auf die eineinhalbfache Menge, also bis zu 150 ml, erhöhen.

| |
|---|
| 1 Suppenhuhn, ausgenommen (etwa 1,2 kg) |
| Salz, 100 g Möhren, 80 g Lauch |
| 60 g Stangensellerie, 80 g Zwiebeln |
| frisch gemahlener weißer Pfeffer |
| **Für die Eier-Zitronensaft-Mischung (Avgolemono):** |
| 2 Eier, 2 Eigelbe |
| 100 ml Zitronensaft |
| **Außerdem:** |
| 120 g gekochter Langkornreis nach Belieben |
| kleine Pfefferminzblättchen |

Das Suppenhuhn unter fließendem kaltem Wasser innen und außen waschen, gut abtropfen lassen. In einem entsprechend großen Topf mit 1,5 l Wasser zum Kochen bringen. 1 TL Salz zufügen, die Hitze reduzieren und 30 Minuten köcheln lassen, dabei immer wieder den aufsteigenden Schaum abschöpfen. In der Zwischenzeit die Möhren schälen, den Lauch und den Stangensellerie putzen und waschen, die Zwiebeln schälen und alles grob zerkleinern. Das Gemüse in die Brühe einlegen und weitere 1 1/2 Stunden kochen. Das Huhn herausheben, abtropfen und etwas abkühlen lassen. Ein Spitzsieb mit einem Passiertuch auslegen und die Brühe in einen zweiten Topf passieren. Salzen, pfeffern und anschließend entfetten. Dafür entweder ein Stück Küchenpapier über die Oberfläche der etwas abgekühlten Brühe ziehen und das Fett damit aufsaugen oder das vollständig erkaltete Fett mit einem Schaumlöffel von der Oberfläche abheben. Es sollte etwa 1 l entfettete Brühe verbleiben. Diese erneut erhitzen und vom Herd nehmen. Avgolemono zubereiten, wie in der Bildfolge unten gezeigt. Die Eier-Zitronen-Brühe-Mischung langsam unter ständigem Rühren in die restliche heiße Brühe gießen. Die Suppe warm stellen und unter Rühren etwas cremig werden lassen, sie darf aber keinesfalls mehr kochen. Das Huhn häuten, das Fleisch von den Knochen lösen und in mundgerechte Stücke teilen. Das Fleisch auf vier Teller verteilen und nach Belieben den gekochten Langkornreis zufügen. Die Suppe darübergießen und mit Minzeblättchen garniert servieren.

Die Eier und die Eigelbe in einer Schüssel mit einem Schneebesen gründlich verrühren.

Nach und nach den Zitronensaft unter ständigem Rühren in die schaumige Eiermischung gießen.

Etwa 1/3 der heißen Brühe unter ständigem Rühren langsam zugießen, damit das Eigelb nicht gerinnt.

# Fischeintopf

## MIT GANZEM, IN SCHEIBEN GESCHNITTENEM KNURRHAHN UND JEDER MENGE GEMÜSE.

Mal Suppe, mal dicker Eintopf: Solche Fischgerichte sind in ganz Griechenland beliebt. Fisch und Gemüse können auch herausgenommen und separat nach der Brühe serviert werden.

| |
|---|
| 2 Knurrhähne, ausgenommen (je etwa 500 g) |
| **Für den Fischsud:** |
| 80 g Zwiebeln, 1 Knoblauchzehe, 50 g Möhre |
| 50 g Lauch, 50 g Stangensellerie |
| 200 ml Weißwein, 2 Lorbeerblätter, 2 Zweige Thymian |
| 5 weiße Pfefferkörner, grobes Meersalz |
| **Für die Gemüseeinlage:** |
| 50 g Zwiebel, 100 g Möhren, 80 g Lauch |
| 80 g Stangensellerie, 400 g Tomaten |
| 120 g kleine hellgrüne Paprikaschoten (Dolma) |
| 1 Charleston-Paprikaschote (etwa 30 g) |
| 400 g festkochende Kartoffeln |
| 2 EL Olivenöl, Salz, frisch gemahlener Pfeffer |
| 100 g Kalamata-Oliven |
| 1/2 unbehandelte Zitrone, in Scheiben geschnitten |
| **Außerdem:** |
| 1 EL gehackte Kräuter (Petersilie, Thymian) |

**Von griechischen Fischeintöpfen** wie diesem, so heißt es, stamme die weltberühmte provenzalische Bouillabaisse ab. Ob mit oder ohne diesen prominenten Nachfahren: Die griechische Variante ist auch so ein Gedicht.

**Jeden Tag frisch** landen griechische Fischer ihren Fang an. Manchmal kann man deshalb selbst in unscheinbaren kleinen Tavernen an der Küste exzellente Fischgerichte genießen.

1. Die Knurrhähne unter fließendem kaltem Wasser innen und außen waschen, gut abtropfen lassen. Die Flossen mit einer Schere abschneiden, die Fische quer in etwa 3 cm dicke Scheiben schneiden. Zudecken und bis zur weiteren Verwendung in den Kühlschrank stellen.

2. Für den Fischsud Zwiebeln, Knoblauch und Möhre schälen, den Lauch sowie den Stangensellerie putzen und waschen. Das Gemüse in grobe Stücke zerteilen. 1/8 l Wasser mit dem Wein in einen entsprechend großen Topf gießen. Das Gemüse, die Kräuter und die Gewürze zufügen. Zum Kochen bringen, die Hitze reduzieren und den Sud 20 Minuten köcheln lassen.

3. Für die Einlage die Zwiebel schälen und fein hacken. Die Möhren schälen und in dünne Scheiben schneiden. Den Lauch und den Sellerie putzen, waschen und in dünne Ringe schneiden. Die Tomaten blanchieren, häuten, vierteln, Stielansätze und Samen entfernen, das Fruchtfleisch würfeln. Alle Paprikaschoten halbieren, Stielansätze, Samen und Scheidewände entfernen, die Dolma-Paprikaschoten in 1 cm große Würfel, die Charleston-Schote in feine Streifen schneiden. Die Kartoffeln schälen und etwa 1,5 cm groß würfeln.

4. Das Öl in einem zweiten Topf erhitzen und die Zwiebeln darin farblos anschwitzen. Die Kartoffeln zufügen und mit etwa 200 ml Wasser bedecken. Aufkochen, die Hitze reduzieren und 5 Minuten köcheln lassen. Salzen und pfeffern. Möhren-, Lauch-, Sellerie-, Paprika- und Charlestonstücke zugeben und weitere 10 Minuten köcheln lassen. Die Tomaten zufügen und weitere 5 Minuten köcheln lassen. Wenn nötig, noch etwas Wasser angießen.

5. Die Knurrhahnstücke in den Fischsud legen, etwa 10 Minuten köcheln lassen und wieder herausheben. Ein Spitzsieb mit einem Tuch auslegen, den Fischsud durchpassieren, das Gemüse damit aufgießen. Den Fisch und die Oliven vorsichtig untermischen. Die Zitronenscheiben einlegen und den Eintopf mit den Kräutern bestreuen.

# Bohnensuppe

## LÄNDLICH, DEFTIG, UNKOMPLIZIERT: »FASSOLIA SOUPA« MIT WEISSEN BOHNENKERNEN.

Nimmt man es auf sich, die Bohnenkerne nach dem Kochen zu häuten, wird man feststellen, daß sie dann viel leichter verdaulich sind.

| |
|---|
| 300 g große weiße Bohnenkerne, getrocknet |
| 100 g Zwiebeln |
| 1 Knoblauchzehe |
| 120 g Möhren |
| 80 g Knollensellerie |
| 100 g Lauch |
| 400 g Tomaten |
| 2 EL Olivenöl |
| 1 l Geflügelbrühe |
| Salz, frisch gemahlener Pfeffer |
| **Außerdem:** |
| 1 EL gehackte Kräuter (Petersilie, Oregano) |

1. Die Bohnen in einer Schüssel mit kaltem Wasser bedecken und über Nacht einweichen lassen. Am nächsten Tag das Einweichwasser abgießen, die Bohnen in ein Sieb schütten und unter fließendem kaltem Wasser gut durchspülen. Die Bohnen in einem Topf mit etwa 1,5 l Salzwasser zum Kochen bringen, die Hitze reduzieren und in etwa 60 Minuten weich köcheln. Die Bohnen abgießen, kalt abschrecken und häuten.

2. Die Zwiebeln sowie den Knoblauch schälen und fein hacken. Die Möhren und den Knollensellerie schälen und in etwa 3 mm große Würfel schneiden. Den Lauch putzen, waschen und in dünne Ringe schneiden. Die Tomaten blanchieren, häuten und vierteln. Die Samen entfernen und durch ein Sieb passieren, den so entstehenden Tomatensaft auffangen. Das Fruchtfleisch der Tomaten in Würfel schneiden.

3. Das Öl in einem Topf erhitzen, die Zwiebel- und Knoblauchwürfel darin farblos anschwitzen. Die Möhren, den Sellerie sowie den Lauch zufügen und kurz mitschwitzen. Den Geflügelfond zugießen, aufkochen, die Hitze reduzieren und alles 15 Minuten köcheln lassen. Die Tomatenstücke und den Tomatensaft einrühren und weitere 10 Minuten köcheln lassen. Die gehäuteten Bohnenkerne zufügen, salzen, pfeffern und die Suppe noch einige Minuten köcheln lassen. Mit den Kräutern bestreuen und servieren.

**Viele Städte Griechenlands,** wie hier Hydra, haben in manchen ihrer Viertel noch einen ländlichen Charakter bewahrt. Und auch einige der beliebtesten griechischen Gerichte wirken eher rustikal – so wie die Gemüsesuppe auf dieser Seite.

# Tarhana Çorbası

## EINE »INSTANTSUPPE« DER BESONDEREN ART, ZUBEREITET MIT EINER SPEZIELLEN GETROCKNETEN JOGHURT-MEHL-MISCHUNG.

Tarhana – fertig gemischt ist es in türkischen Lebensmittelläden zu bekommen – selbst zuzubereiten, wäre ein Unterfangen, das Tage in Anspruch nähme. Traditionell werden für die grießartig aussehende, staubtrockene Mischung, eine Spezialität, die ursprünglich in Inneranatolien beheimatet ist, Weizenmehl und Joghurt mit kleingewürfeltem Gemüse wie Tomaten, Paprika und Zwiebeln sowie Hefe und Fleischbrühe zu einem Teig verknetet. Der wird dann in einen Leinensack gefüllt und an einem luftigen, warmen Platz aufgehängt. Etwa 3 Tage lang muß der Teig jedesmal, wenn er entsprechend gegangen ist, kräftig im Sack zusammengeschlagen werden. Anschließend nimmt man ihn heraus und zerteilt ihn in kleine Klümpchen, die so lange in die pralle Sonne gestellt werden, bis sie absolut keine Flüssigkeit mehr enthalten. Zerkrümelt oder gemahlen, dient das Pulver dann als Grundlage für die kräftige Tarhana Çorbası, die auf dem Land manchmal noch zum Frühstück gereicht wird.

| |
|---|
| 80 g Tarhana |
| 100 g Zwiebeln, 2 Knoblauchzehen |
| 400 g Tomaten, 3 EL Olivenöl |
| 250 g Hackfleisch vom Lamm |
| 30 g Tomatenmark |
| 1 l Lammfond |
| Salz, frisch gemahlener Pfeffer |
| 1 TL Paprikapulver, edelsüß |
| **Außerdem:** |
| 1 EL gehackte Petersilie |

1. Das Tarhana in eine Schüssel füllen und in wenig Wasser 20 Minuten einweichen lassen.

2. In der Zwischenzeit die Zwiebeln und den Knoblauch schälen und fein hacken. Die Tomaten kurz blanchieren, häuten, halbieren, Stielansätze und Samen entfernen und das Fruchtfleisch in 1/2 cm große Würfel schneiden.

3. Das Olivenöl in einem entsprechend großen Topf erhitzen und das Lammfleisch darin kräftig anbraten. Die Zwiebel- und Knoblauchwürfel kurz mitbraten. Die Tomatenstücke zufügen und das Tomatenmark einrühren. Den Fond zugießen und zum Kochen bringen. Das Tarhana unter Rühren darin auflösen.

4. Die Hitze reduzieren und die Suppe 15 Minuten köcheln lassen. Mit Salz, Pfeffer und Paprikapulver würzen. Die Suppe in eine Suppenterrine füllen, mit der gehackten Petersilie bestreuen und servieren.

Statt mit Petersfisch, der auch Heringskönig genannt wird, kann man die Linsensuppe auch mit Doraden- oder Wittlingsfilets krönen.

# Linsensuppe mit Lauch und Fisch

## DIE EINLAGEN ADELN HIER DIE HÜLSENFRÜCHTE, DIE ANSONSTEN EHER ZUR ALLTAGSKÜCHE GEHÖREN.

Linsensuppe gehört zu den Küchenklassikern aus dem östlichen Mittelmeergebiet, und sie wird in den unterschiedlichsten Variationen zubereitet. Bekannt und beliebt sind in der türkischen Küche vor allem Suppen aus den kleinen roten Linsen, die im Nu garen, dabei meist gleich zerfallen und so die Gerichte schön cremig machen. Aber auch mit grünen Linsen schmeckt eine solche Suppe hervorragend. Nicht ganz authentisch türkisch, aber besonders delikat wird sie, wenn man dunkelgrüne französische Puy-Linsen verwendet, die hervorragend mit dem Fischfilet harmonieren.

| |
|---|
| 200 g grüne Linsen |
| 250 g Zwiebeln |
| 2 Knoblauchzehen |
| 5 g frische Kurkumawurzel |
| 4 EL Olivenöl |
| 1/2 TL gemahlener Kreuzkümmel |
| 800 ml bis 1 l Gemüsefond |
| Salz, frisch gemahlener Pfeffer |
| 1 EL Zitronensaft |
| **Für den Lauch:** |
| 80 g Lauch |
| 1 rote Chilischote |
| 1 EL Olivenöl, Salz |

**Kreuzkümmel,** eines der typischsten Gewürze der Landesküchen des Nahen und Mittleren Ostens sowie Nordafrikas, gibt es in einer helleren und einer dunkleren Varietät.

| |
|---|
| **Für den Fisch:** |
| 4 Filets vom Petersfisch (je 80 bis 100 g) |
| Salz, frisch gemahlener Pfeffer |
| 2 EL Olivenöl, 20 g Butter |
| **Außerdem:** |
| Koriandergrün |

1. Die Linsen in ein Sieb schütten, unter fließendem kaltem Wasser waschen. In einem Topf mit kaltem Wasser bedecken, zum Kochen bringen, die Hitze reduzieren und 10 Minuten kochen lassen. Die Linsen abseihen und abtropfen lassen.

2. Die Zwiebeln sowie den Knoblauch schälen und fein hacken. Die Kurkuma schälen und fein reiben. Das Öl in einem entsprechend großen

Topf erhitzen, die Zwiebel- und Knoblauchwürfel darin 2 bis 3 Minuten farblos anschwitzen. Die Kurkuma und den Kreuzkümmel zufügen und weitere 2 Minuten braten. Die Linsen einstreuen. Den Fond angießen, salzen und pfeffern. Zum Kochen bringen, die Hitze reduzieren und alles 40 Minuten köcheln lassen.

3. Den Topfinhalt im Mixer ganz fein pürieren. Die Mischung zurück in den Topf gießen, mit Zitronensaft würzen und mit Salz und Pfeffer abschmecken. Die Suppe bis zur weiteren Verwendung warm halten.

4. Den Lauch putzen, waschen und in feine Ringe schneiden. Von der Chilischote den Stielansatz abschneiden, das Fruchtfleisch in Ringe schneiden und dabei die Samen entfernen. Das Öl in einer Pfanne erhitzen, die Lauch- und Chiliringe darin 5 Minuten bei geringer Hitze dünsten. Salzen und warm halten.

5. Die Fischfilets längs halbieren, salzen und pfeffern. Das Öl und die Butter in einer Pfanne erhitzen und die gewürzten Fischfilets darin von jeder Seite etwa 2 Minuten braten.

6. Die Suppe in Teller schöpfen, die gebratenen Fischfilets einlegen und das Gemüse darauf anrichten. Mit Koriandergrün garnieren, servieren.

# Harira

## EINE KRÄFTIGENDE LAMMSUPPE MIT HÜLSENFRÜCHTEN UND REIS, IN MAROKKO VOR ALLEM NACH DEM RAMADANFASTEN BELIEBT.

| |
|---|
| 50 g getrocknete Kichererbsen |
| 100 g braune Linsen |
| Salz, 1,2 l Lammfond, 50 g Langkornreis |
| 10 g Mehl, 250 g Lammfilet, 150 g Zwiebeln |
| 2 Knoblauchzehen, 10 g frische Ingwerwurzel |
| 30 g Butter, 1 EL Pflanzenöl |
| 1 TL gemahlener Zimt |
| 1/2 TL gemahlene Kurkuma |
| 400 g Tomaten, 1 EL gehackte Petersilie |
| 1 EL gehacktes Koriandergrün |
| frisch gemahlener Pfeffer, 1 Ei, 1 EL Zitronensaft |

**In der Medina,** der verwinkelten Altstadt von Marrakesch, finden sich überall kleine Läden und Verkaufsstände, wo die Bevölkerung alle Lebensmittel für den täglichen Bedarf finden kann.

1. Die Kichererbsen und die Linsen getrennt voneinander kalt abbrausen, mit kaltem Wasser bedecken und über Nacht einweichen lassen. Das Wasser abgießen, die Erbsen und Linsen mit frischem Wasser abspülen und gut abtropfen lassen.

2. Die Kichererbsen in einem Topf mit 1/2 l Wasser bedecken, leicht salzen und aufkochen. Die Hitze reduzieren und zugedeckt 40 Minuten köcheln lassen. Abseihen und abtropfen lassen.

3. In einem zweiten Topf die Hälfte des Lammfonds erhitzen. Die Linsen und den Reis einschütten, bei reduzierter Hitze 10 Minuten garen. Das Mehl mit 1 EL Wasser glattrühren und den Topfinhalt damit binden.

4. Das Lammfilet parieren und in 4 mm breite Scheiben schneiden. Die Zwiebeln, den Knoblauch sowie den Ingwer schälen und fein hacken. Die Butter und das Öl in einer großen Pfanne erhitzen, das Fleisch darin rundherum anbraten. Zwiebel-, Knoblauch- und Ingwerwürfel 3 Minuten mitschwitzen. Die Gewürze 2 Minuten mitbraten. Den restlichen Lammfond angießen und alles 10 Minuten köcheln lassen.

5. Inzwischen die Tomaten blanchieren, häuten, halbieren, Stielansätze und Samen entfernen und das Fruchtfleisch in etwa 1 cm große Würfel schneiden. Zusammen mit den Kichererbsen, der Linsen-Reis-Mischung und den Kräutern in die gewürzte Brühe rühren. Salzen, pfeffern und weitere 10 Minuten köcheln lassen.

6. Das Ei mit dem Zitronensaft verquirlen und in die heiße Suppe rühren. Nach Belieben mit Koriandergrün garnieren und sofort servieren.

# Rote Linsensuppe

## MIT ZWEIERLEI EINLAGEN: GEBRATENE GARNELEN UND EINE SAFTIGE GEMÜSEMISCHUNG.

Viele ägyptische Alltagsgerichte basieren auf Hülsenfrüchten, man denke etwa an das allgegenwärtige »Fuhl«, einen lauwarm servierten Eintopf aus Bohnenkernen mit viel Olivenöl. Auch Linsen werden gern und häufig verwendet, vor allem die kleinen rötlichen oder gelben Sorten. Geradezu klassisch ist die hier vorgestellte Linsensuppe, die nur auf den ersten Blick einfach erscheint: Ihre Würzung und die Einlagen geben ihr unerwarteten Pfiff. Wer sie rein vegetarisch bevorzugt, kann sie statt mit Garnelen mit goldbraunen, krossen Croûtons servieren.

| |
|---|
| 250 g rote Linsen |
| 1 Zwiebel (50 g) zum Spicken |
| 1 Lorbeerblatt, 2 Nelken |
| 2 Knoblauchzehen |
| 1,2 l Rinderfond |
| Salz, frisch gemahlener weißer Pfeffer |
| 1 Messerspitze gemahlener Kreuzkümmel |
| **Für die Zwiebel-Tomaten-Mischung:** |
| 80 g Zwiebeln, 200 g Tomaten |
| 40 g Butter |

**Kunstvoll geschichtet** bietet ein Gewürzhändler auf einem Markt in Kairo seine Ware feil – genug Auswahl für 1001 kulinarische Genüsse.

**Ungewöhnlich ist die Einlage** aus gebratenen Garnelen in dieser traditionellen ägyptischen Suppe. Doch die Krustentiere ergänzen sie geschmacklich perfekt.

| |
|---|
| Salz, frisch gemahlener weißer Pfeffer |
| **Für die Garnelen:** |
| 40 g Butter |
| 8 mittelgroße, rohe Garnelenschwänze ohne Schale |
| Salz |
| frisch gemahlener weißer Pfeffer |
| **Außerdem:** |
| 2 EL gehackte Petersilie |

1. Die roten Linsen in ein Sieb schütten, unter fließendem kaltem Wasser abbrausen und gut abtropfen lassen.

2. Die Zwiebel schälen und mit dem Lorbeerblatt sowie den Nelken spicken. Die Knoblauchzehen schälen und ganz belassen.

3. Den Rinderfond in einem entsprechend großen Topf zum Kochen bringen. Die abgetropften Linsen, die gespickte Zwiebel und die Knoblauchzehen zufügen. Mit Salz, Pfeffer und Kreuzkümmel würzen. Die Hitze reduzieren, den Topf zudecken und alles 20 Minuten köcheln lassen. Vorsicht, die Linsen kochen leicht über.

4. In der Zwischenzeit für die Zwiebel-Tomaten-Mischung die Zwiebeln schälen und fein hacken. Die Tomaten blanchieren, häuten, vierteln, Stielansätze sowie Samen entfernen und das Fruchtfleisch in kleine Würfel schneiden. Die Butter in einer Pfanne zerlassen und die Zwiebelwürfel darin farblos anschwitzen. Die Tomaten 5 Minuten mitschwitzen, salzen und pfeffern.

5. Die gespickte Zwiebel aus dem Topf nehmen und die Suppe mit dem Mixstab pürieren. Mit Salz und Pfeffer abschmecken.

6. Für die Garnelen die Butter in einer Pfanne zerlassen und die Krustentiere von jeder Seite 2 Minuten braten. Mit Salz und Pfeffer würzen.

7. Die Suppe in vorgewärmte Teller schöpfen. Die Zwiebel-Tomaten-Mischung darauf verteilen, die Garnelen einlegen. Die Suppe mit Petersilie bestreuen und servieren.

# Kalte Sommersuppe

## AUS CHANA DAL, WIE DIE HALBIERTEN KICHERERBSEN IN INDIEN GENANNT WERDEN, TOMATEN UND GURKEN.

Die verschiedenen Regionalküchen Indiens sind für ihren Einfallsreichtum bekannt, wenn es um vegetarische Gerichte geht. Diverse Hülsenfrüchte – auf indisch »dal« genannt –, allen voran Linsen und Kichererbsen, gewährleisten die Eiweißversorgung der Bevölkerung und sind deshalb fester Bestandteil auf dem Speisezettel. Beim Einkauf für dieses Rezept sollte man darauf achten, auch wirklich »Chana dal« aus dem Regal zu nehmen, denn mit ganzen getrockneten Kichererbsen funktioniert das Rezept nicht.

| |
|---|
| 350 g Chana dal (halbierte Kichererbsen) |
| 10 g frische Kurkumawurzel |
| 1/2 TL Kreuzkümmelsamen |
| 1 grüne Chilischote, Saft von 1/2 Limette |
| Salz, frisch gemahlener Pfeffer |
| 50 g Frühlingszwiebeln |
| 250 g Tomaten, 200 g Salatgurke |
| **Außerdem:** |
| 1 EL gehacktes Koriandergrün |
| 100 g Joghurt (3,5 % Fett) |

**Verschiedene Chilisorten** gibt es auf diesem indischen Markt. In reifem Zustand sind die ursprünglich aus Südamerika stammenden Scharfmacher rot, grüne Schoten wurden unreif geerntet. Vorsicht! Nach dem Verarbeiten von Chillies mit den Fingern nicht in Augennähe kommen, das brennt höllisch.

1. Die Chana dal 1 1/2 Stunden in kaltem Wasser einweichen, abgießen, in einem Sieb unter fließendem kaltem Wasser gründlich waschen und gut abtropfen lassen. Die Kurkuma schälen und fein reiben.

2. In einem Topf 2 l Wasser zum Kochen bringen. Kichererbsen und Kurkuma darin bei reduzierter Hitze zugedeckt etwa 1 Stunde und 20 Minuten köcheln lassen. Dabei den Topf im Auge behalten, der Inhalt kocht leicht über.

3. Den Topf vom Herd nehmen, mit einem Schöpflöffel alle Flüssigkeit oberhalb der Hülsenfrüchte, die sich am Boden abgesetzt haben, abschöpfen und beiseite stellen. Den restlichen Topfinhalt im Mixer pürieren, in eine Schüssel umfüllen und so viel von der Brühe einrühren, daß eine sämige Suppe entsteht.

4. Den Kreuzkümmel in einer beschichteten Pfanne ohne Zugabe von Fett rösten, bis er zu duften beginnt. Herausnehmen und im Mörser zerstoßen. Die Chilischote halbieren, Stielansatz, Samen und Scheidewände entfernen und das Fruchtfleisch in dünne Streifen schneiden. Kreuzkümmel, Limettensaft und Chilistreifen in die Suppe rühren, salzen, pfeffern und abkühlen lassen.

5. Die Frühlingszwiebeln putzen und in dünne Ringe schneiden. Die Tomaten blanchieren, kalt abschrecken, häuten, vierteln, Stielansatz und Samen entfernen und das Fruchtfleisch 1/2 cm groß würfeln. Die Gurke waschen, halbieren, mit einem Löffel die Samen entfernen und das Fruchtfleisch ebenfalls 1/2 cm groß würfeln.

6. Kurz vor dem Servieren das Koriandergrün in die erkaltete Suppe rühren. Die Suppe in Teller verteilen, jeweils Tomaten- und Gurkenwürfel sowie Frühlingszwiebeln einstreuen und mit einem Löffel Joghurt garnieren.

**In den »food stalls«** Asiens, wie hier in Chiang Mai, wird zu allen Tageszeiten Reis für Snacks angeboten, die den kleinen „Hunger zwischendurch" auf köstliche Weise stillen.

# Reissuppe mit Garnelen

IN VIELEN THAILÄNDISCHEN HAUSHALTEN KOMMT EINE REISSUPPE DIESER ART ZUM FRÜHSTÜCK AUF DEN TISCH.

»Khao Tom Gung«, wie diese Suppe in Thailand genannt wird, kann man statt auf der Basis von Fischfond auch mit Geflügelfond oder ganz einfach mit Wasser zubereiten.

| |
|---|
| **Für das Knoblauchöl:** |
| 6 Knoblauchzehen |
| 1/2 l Pflanzenöl |
| **Für die Nam-prik-Sauce:** |
| 4 Knoblauchzehen |
| 30 g Schalotten |
| 1 EL Garnelenpaste (Trasi) |
| 1/4 TL Salz |
| 1 EL Palmzucker (Jaggery) |
| 8 thailändische rote Chilischoten |
| Saft von 2 Limetten |
| **Für die Suppe:** |
| 200 g Kalmare |
| 200 g Garnelenschwänze mittlerer Größe |
| 4 luftgetrocknete chinesische Schweinswürstchen |
| 2 l Fischfond |
| 1/2 TL Salz |
| 150 g thailändischer Langkornreis (etwa Jasminreis) |
| 4 Eier |
| **Außerdem:** |
| 60 g Frühlingszwiebeln |
| 1 EL Korianderblättchen |

1. Für das Knoblauchöl die Knoblauchzehen schälen und halbieren. Die Zehen in eine Flasche füllen und mit dem Öl übergießen. Die Flasche gut verschließen und für 2 bis 3 Wochen bei Zimmertemperatur stehen lassen.

2. Für die Nam-prik-Sauce die Knoblauchzehen und die Schalotten schälen und fein hacken. Beides mit der Garnelenpaste, Salz und Zucker im Mörser zu einer Paste zerreiben. Die Chillies waschen, der Länge nach halbieren, von Samen und Scheidewänden befreien und mit dem Limettensaft im Mixer fein pürieren. Die Knoblauch-

**In Thailand** würzt jeder bei Tisch seine Garnelen-Reissuppe selbst – mit Fischsauce, Nam prik oder Knoblauchöl – ganz nach Geschmack.

**Die Nam-prik-Sauce** gibt der Suppe einen gewissen Akzent, ohne ihren milden Charakter zu beeinträchtigen.

paste nur kurz untermixen. Die Sauce nach Belieben mit einigen Löffeln Hühnerbrühe verdünnen.

3. Die gewaschenen Kalmare jeweils mit der einen Hand festhalten und mit der anderen Hand die Haut abziehen. Die Fangarme ganz aus dem Körperbeutel herausziehen und knapp über den Augen so vom Kopf abtrennen, daß sie durch einen schmalen Ring verbunden bleiben. Den Ring von unten in der Mitte fassen, die Kauwerkzeuge mit dem Zeigefinger herausdrücken und abschneiden. Zuletzt das transparente Fischbein aus dem Körperbeutel entfernen. Die Arme und den Körper sorgfältig waschen, die Arme ganz belassen, den Körper in 1/2 cm breite Ringe schneiden. Die Garnelen schälen und jeweils den Darm entfernen. Die Schweinswürstchen in 3 cm lange Stücke schneiden.

4. Den Fischfond mit dem Salz zum Kochen bringen. Den gewaschenen Langkornreis darin bei reduzierter Hitze zugedeckt 20 Minuten köcheln lassen. Etwa 10 Minuten vor Ende der Garzeit des Reises die Kalmarringe und -arme, die Garnelen und die Wurststückchen zufügen und mitkochen lassen. Die Frühlingszwiebeln putzen und quer in dünne Ringe schneiden.

5. Die Reissuppe in Teller schöpfen, jeweils 1 Ei aufschlagen und in die heiße Suppe gleiten lassen. Die Frühlingszwiebelringe sowie die Korianderblättchen darüberstreuen und servieren. Das Knoblauchöl, die Nam-prik-Sauce und, falls gewünscht, fertig gekaufte Fischsauce separat zum Nachwürzen dazu reichen.

**Schönes Entenleben:** Schnatternd auf den Dämmen zwischen den Reisfeldern entlangspazieren und nach dem reichlich vorhandenen Futter picken. Kein Wunder, daß das Fleisch dieser Tiere fettarm und sehr geschmackvoll ist.

# Entensuppe mit Won-Tans

## FRITIERTE TEIGTASCHEN ALS KNUSPRIGER KONTRAST ZUM ZARTEN FLEISCH IN WÜRZIGER BRÜHE.

Die Mehrzahl der Zutaten für dieses Rezept läßt sich leicht beschaffen. Etwas schwieriger wird es allenfalls bei den Wasserkastanien und Korianderwurzeln. Erstere sind in Asienläden als Dosenware erhältlich – ein guter Ersatz für frische. Kein Problem sind die Korianderwurzeln für Kräutergärtner, die können sie im eigenen Garten ernten. Ansonsten bieten sich hier Petersilienwurzeln als Alternative an.

| |
|---|
| **Für die Suppe:** |
| 1/2 küchenfertige Ente (etwa 800 g) |
| 20 g Zitronengras, 20 g Korianderwurzel |
| 2 Kaffir-Limettenblätter, 1 rote Chilischote |
| 200 g Wasserkastanien, 80 g Schalotten |
| 2 Knoblauchzehen, 1 EL Pflanzenöl |
| 1 EL gehacktes Koriandergrün |
| 1/4 TL gemahlener Koriander |
| Salz, frisch gemahlener Pfeffer |
| 4 EL Fischsauce, 40 g Frühlingszwiebeln |
| **Für die Won-tans:** |
| 30 g Frühlingszwiebeln, 1 rote Chilischote |
| 10 g Galgant, 1 Knoblauchzehe |
| Saft und abgeriebene Schale von 1/2 Kaffir-Limette |
| 1 TL gehacktes Koriandergrün, 1 EL helle Sojasauce |
| Salz, frisch gemahlener Pfeffer, 1 Eigelb |
| 16 Won-tan-Blätter, 1 Eiweiß |
| **Außerdem:** |
| Pflanzenöl zum Ausbacken |

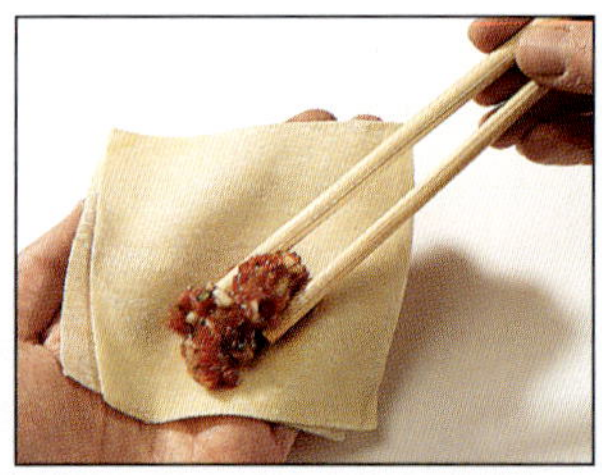

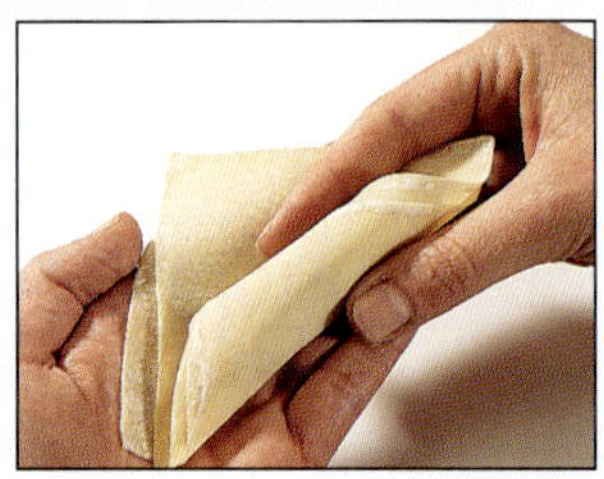

Jeweils 2 der dünnen Teigblätter übereinander legen. Etwas Füllung auf das untere Drittel setzen und die Teigblätter zu 2/3 aufrollen.

Die beiden Enden der gefüllten Teigrolle links und rechts mit etwas Eiweiß bepinseln und fest zusammendrücken.

Die beiden Spitzen der Teigblätter auseinanderziehen. Bis zur weiteren Verwendung mit einem feuchten Tuch bedecken.

Die Entenhälfte unter fließendem kaltem Wasser waschen und gut abtropfen lassen. 100 g Entenfleisch ohne Haut für die Won-tan-Füllung beiseite stellen. Das Zitronengras in dünne Scheiben schneiden. Die Korianderwurzel waschen, schälen und sehr fein hacken. Die Entenhälfte, das Zitronengras, die Limettenblätter, die Chilischote sowie die Korianderwurzel in einem entsprechend großen Topf mit 1,5 bis 2 l kaltem Wasser bedecken. Aufkochen lassen, die Hitze reduzieren und etwa 1 Stunde köcheln lassen, bis das Fleisch schön weich ist. Inzwischen die Wasserkastanien gut waschen, mit einem scharfen Messer schälen, gelbliche, schlaffe Knollen aussortieren, den zähen Stielansatz entfernen und die Wasserkastanien in Scheiben schneiden. Die Schalotten sowie den Knoblauch schälen und sehr fein hacken. In einem Pfännchen das Öl erhitzen und beides darin hell anschwitzen. Koriandergrün, gemahlenen Koriander, Salz, Pfeffer sowie die Fischsauce einrühren und diese Mischung 15 Minuten vor Ende der Kochzeit unter die Suppe rühren. Nach weiteren 5 Minuten die Wasserkastanien zufügen. Die Entenhälfte herausnehmen, das Fleisch von den Knochen lösen, in mundgerechte Stücke schneiden und diese wieder zurück in die Suppe geben. Für die Füllung der Won-tans das Entenfleisch sehr fein hacken. Frühlingszwiebeln putzen, Chilischote halbieren, von Samen und Scheidewänden befreien, Galgant und Knoblauch schälen, alles sehr fein hacken und in einer Schüssel sorgfältig mit dem Entenfleisch, Limettensaft und -schale, Koriandergrün, Sojasauce, Salz, Pfeffer sowie dem Eigelb vermischen. Weiterverfahren, wie links gezeigt. Das Öl im Wok oder einem anderen entsprechend großen Topf auf 180 °C erhitzen und die Won-tans darin goldgelb fritieren. Die Entensuppe nochmals erhitzen. Frühlingszwiebeln putzen, in feine Ringe schneiden und unter die Suppe rühren. Abschmecken, die Suppe in Schälchen schöpfen und je 2 der fritierten Won-tans darauf verteilen.

**Zitronengras und Kaffir-Limette** verleihen der Brühe ihren besonderen Geschmack – der Galgant dagegen der Won-tan-Füllung. Wer die Suppe etwas gehaltvoller wünscht, fügt noch etwas gekochten thailändischen Duftreis als Einlage zu.

# Bambussprossensuppe mit knusprigem Fisch

UND BESONDEREM CHARAKTER – DANK DER EIGENS ZUVOR ANGERÖSTETEN GEWÜRZMISCHUNG.

| |
|---|
| **Für die Suppe:** |
| 30 g frische Ingwerwurzel, 60 g Schalotten |
| 2 Knoblauchzehen, 2 Chilischoten |
| 2 Stengel Zitronella- oder Zitronengras (etwa 20 g) |
| 2 EL Erdnußöl, 2 Kapseln Kardamom |
| 3/4 l Fischfond oder Wasser, 3 bis 4 EL Fischsauce |
| 10 g Tamarindenmark, 100 ml heißes Wasser |
| Salz, frisch gemahlener Pfeffer |
| 400 g Bambussprossen aus der Dose, 200 g Tomaten |
| **Für den knusprigen Fisch:** |
| 600 g Snapperfilet (ersatzweise Heilbutt oder Wels) |
| Salz, frisch gemahlener Pfeffer |
| etwa 1/2 l Pflanzenöl zum Fritieren |
| **Außerdem:** |
| 100 g gekochter Langkornreis, etwas Koriandergrün |

**Thailands Gewässer** bieten den Fischern jede Menge Seafood-Köstlichkeiten – darunter vorzügliche Speisefische wie jene aus der Familie der Snapper, zu deutsch Schnapper genannt.

1. Für den knusprigen Fisch das Filet in 4 Stücke schneiden, salzen und pfeffern. Bis zur weiteren Verwendung in den Kühlschrank stellen.

2. Für die Suppe Ingwer, Schalotten sowie Knoblauch schälen und in dünne Scheiben schneiden. Die Chilischoten halbieren, Samen und Scheidewände entfernen. Das Zitronella- beziehungsweise Zitronengras in 3 cm lange Stücke schneiden. Das Erdnußöl im Wok erhitzen und alle vorbereiteten Würzzutaten sowie den Kardamom darin anrösten. Abkühlen lassen, im Mörser zerstoßen.

3. Fischfond oder Wasser aufkochen. Die Würzmischung einrühren, die Hitze reduzieren und alles 10 bis 15 Minuten köcheln lassen. Mit der Fischsauce würzen. Das Tamarindenmark mit dem heißen Wasser vermengen und in die Suppe rühren. Diese durch ein feines Sieb gießen, salzen, pfeffern und warm halten.

4. Die Bambussprossen abtropfen lassen und in Scheiben schneiden. Die Tomaten blanchieren, häuten, Stielansätze sowie Samen entfernen und das Fruchtfleisch klein würfeln. Bambussprossen und Tomatenwürfel in die Suppe rühren.

5. Das Pflanzenöl im Wok auf 180 °C erhitzen und die Fischstücke darin nacheinander in 6 bis 8 Minuten knusprig fritieren. Abtropfen lassen.

6. Die Suppe in Teller füllen. Den Fisch in mundgerechte Stücke zerpflücken und mit dem Reis in der Suppe anrichten. Mit Koriander garnieren.

**Auberginen** werden in der Küche von Laos nicht nur, wie in diesem Rezept, gebraten, sondern auch gekocht und als Bindemittel für Schmorgerichte verwendet, oder zusammen mit Fisch zu einer würzigen Paste verarbeitet.

# Nudelsuppe mit Fisch und Schweinefleisch

## EIN LAOTISCHES NATIONALGERICHT – TYPISCH IST DIE EINFALLSREICHE KOMBINATION EINFACHER ZUTATEN.

In Laos werden Suppen wie diese, die »Khao Phoune« heißt, zum Frühstück gereicht. Meist füllt man dazu eine große Schüssel zur Hälfte mit Nudeln, bedeckt sie mit frischem Gemüse sowie Kräutern und übergießt sie mit Brühe. Selbstverständlich kann die Suppe auch zu anderen Tageszeiten in Portionsschalen serviert werden.

| |
|---|
| 3 Knoblauchzehen, 120 g Zwiebeln |
| 500 g Schweinefleisch (etwa aus der Schulter) |
| 300 g Filet vom Red Snapper |
| 10 g frische Ingwerwurzel, 3 rote Chilischoten |
| 3 EL Erdnußöl, 1 l Kokosmilch |
| 70 g geröstete Erdnüsse, gemahlen |
| Salz, 1 EL Fischsauce, 250 g nicht ganz reife Mango |
| 100 g Salatgurke, 100 g weißer Rettich |
| 100 g Sojabohnensprossen, 100 g grüne Bohnen |
| 150 g kleine asiatische Auberginen |
| 80 g Frühlingszwiebeln, 150 g Rice vermicelli |
| **Außerdem:** |
| 8 bis 10 kleine vietnamesische Minzeblättchen |

1. Den Knoblauch und die Zwiebeln schälen und grob hacken. Schweinefleisch, Knoblauch, Zwiebeln in einem Topf mit 700 ml Wasser zum Kochen bringen, die Hitze reduzieren und etwa 1 1/2 Stunden köcheln lassen. Das Fleisch sollte die ganze Zeit über mit Flüssigkeit bedeckt sein; falls nötig, Wasser nachgießen. Das Fleisch herausnehmen, abkühlen lassen. Das Fischfilet etwa 4 bis 5 Minuten in der Brühe garziehen lassen und vorsichtig herausnehmen. Die Brühe durch ein feines Sieb gießen. Es sollte etwa 1/2 l sein.

2. Den Ingwer schälen, die Chilischoten halbieren, von Samen und Scheidewänden befreien. Ingwer und Chillies sehr fein hacken, in einem Wok mit 1 EL zuvor erhitztem Öl hell anbraten, mit der Kokosmilch ablöschen und die Erdnüsse einrühren. Die Milch zum Kochen bringen, bei reduzierter Temperatur 5 Minuten köcheln lassen, mit Salz und Fischsauce würzen. Die Brühe angießen und weitere 5 Minuten köcheln lassen.

3. Das Fruchtfleisch der Mango auslösen. Dazu die Frucht der Länge nach in drei Teile schneiden. Vom mittleren Teil, der den Kern enthält, die Schale lösen. Den Stein mit einer Gabel oder mit den Fingern auf eine Arbeitsfläche drücken, Fruchtfleisch und Saft abstreichen. Aus den beiden übrigen Mangostücken das Fruchtfleisch mit einem Löffel lösen, alles etwa 1 cm groß würfeln.

4. Die Salatgurke schälen und in dünne Scheiben schneiden. Den Rettich schälen und etwa 1/2 cm groß würfeln. Die Sprossen waschen und gut abtropfen lassen. Die Bohnen waschen, von Enden und Fäden befreien und schräg in feine Scheiben schneiden. Die Stielansätze der Auberginen entfernen und die Früchte in Scheiben schneiden. Die Frühlingszwiebeln putzen und ebenfalls in Scheiben schneiden. Das Fleisch in 1/2 cm große Würfel schneiden und das Fischfilet in mundgerechte Stücke zerpflücken.

5. Die Sprossen kurz in kochendem Wasser blanchieren, abseihen und gut abtropfen lassen. Die restlichen 2 EL Öl in einer Pfanne erhitzen und die Auberginenscheiben darin von beiden Seiten knusprig anbraten, herausnehmen und auf Küchenpapier entfetten.

6. Zuerst die Bohnen 5 Minuten in der Brühe köcheln lassen, dann den Rettich, die Salatgurke, die Sprossen, die Mango, das Fleisch und den Fisch 1 Minute mitgaren. Zum Schluß Auberginen und Frühlingszwiebeln einrühren. Mit Salz und Fischsauce abschmecken. Die Rice vermicelli 3 bis 4 Minuten in kochendem Salzwasser garen, abseihen und gut abtropfen lassen. Die Nudeln auf Suppenschalen verteilen, mit der Suppe übergießen und mit Minzeblättchen garniert servieren.

# Nudelsuppe mit Fleisch und Meeresfrüchten

KRÄFTIG UND GEHALTVOLL – DURCH SCHWEINEBAUCH, LANGUSTE, GARNELEN, KALMAR UND HÄHNCHEN.

»Nuoc mam«, die in Vietnam allgegenwärtige Sauce aus eingesalzenem Fisch, sorgt auch in dieser Suppe für zusätzliche Würze. In welchem Maße, das kann jeder selbst bestimmen, denn die Sauce, die man in Asienläden fertig kaufen kann, wird zum individuellen Gebrauch einfach mit auf den Tisch gestellt.

| |
|---|
| 1 gekochter Langustenschwanz (etwa 350 bis 400 g) |
| 150 g roher Schweinebauch, Salz |
| 150 g Hähnchenbrust ohne Haut und Knochen |
| 150 g Garnelenschwänze mittlerer Größe |
| 1 Kalmar (etwa 150 g) |
| 800 ml Geflügelfond |
| 1 rote Chilischote, 40 g Frühlingszwiebeln |
| frisch gemahlener Pfeffer nach Belieben |
| 100 g dünne asiatische Eiernudeln |
| **Außerdem:** |
| 50 g Schalotten |
| 2 EL Erdnußöl |
| 1 EL gehacktes Koriandergrün |
| Fischsauce (Nuoc mam) |

**Symbol für langes Leben** sind in vielen Ländern Asiens lange, dünne Nudeln – in dieser Suppe »longevity noodles«. Wie dem auch sei: Wer eine solch köstliche Suppe in der Schale hat, lebt zumindest ausgezeichnet.

1. Den Langustenschwanz aufbrechen und das Fleisch möglichst unversehrt herausnehmen. Den Darm am Schwanzende lösen und von der anderen Seite vorsichtig herausziehen. Das Langustenfleisch in gleichmäßige Scheiben schneiden. Bis zur weiteren Verwendung zugedeckt kühl stellen.

2. Den Schweinebauch in einem Topf mit etwa 1/4 l Wasser übergießen, salzen und zum Kochen bringen. Die Hitze reduzieren und das Fleisch 20 Minuten köcheln lassen. Die Hähnchenbrust hinzufügen und 10 bis 15 Minuten mitköcheln, dabei darauf achten, daß beide Fleischsorten von Wasser bedeckt sind.

3. Die Garnelenschwänze bis auf das letzte Segment mit der Schwanzflosse schälen und jeweils den Darm entfernen. Den Kalmar waschen und häuten. Die Tentakel ganz aus dem Körperbeutel ziehen und knapp über den Augen so abschneiden, daß sie durch einen schmalen Ring verbunden bleiben. Diesen von unten in der Mitte fassen, die Kauwerkzeuge herausdrücken und abschneiden. Dann das transparente Fischbein aus dem Körperbeutel entfernen. Den Körper und die Fangarme sorgfältig waschen, den Körper in 1/2 cm breite Streifen schneiden, die Tentakel ganz belassen.

4. Den Schweinebauch und die Hähnchenbrust aus der Brühe heben, diese durch ein Haarsieb

gießen. Den Geflügelfond zugießen, die halbierte, von Samen und Scheidewänden befreite Chilischote einlegen und die Brühe erneut zum Kochen bringen.

5. Die Frühlingszwiebeln fein hacken und die Hälfte davon in die Suppe rühren. Die Kalmarringe und die Tentakel einlegen. 5 Minuten köcheln lassen, die Garnelen hinzufügen und 3 Minuten in der kochenden Brühe garen.

6. Den Schweinebauch in mundgerechte Stücke und die Hähnchenbrust in Scheiben schneiden. Beides zusammen mit dem Langustenfleisch in der Suppe erhitzen. Die Brühe nach Belieben mit Salz und Pfeffer würzen.

7. Die Nudeln etwa 5 Minuten in Salzwasser kochen, abseihen und gut abtropfen lassen. Die Schalotten schälen und in Ringe schneiden. Das Öl in einer Pfanne erhitzen, die Schalotten darin goldgelb und knusprig braten. Herausnehmen und auf Küchenpapier gut abtropfen lassen.

8. Die Nudeln in Suppenschälchen verteilen. Die heiße Brühe mit dem Fleisch und den Meeresfrüchten über die Nudeln schöpfen. Mit den restlichen Frühlingszwiebeln, den Schalottenringen sowie dem gehackten Koriander bestreuen und mit der Fischsauce servieren.

# Rindfleischbrühe mit Nudeln und Wasserkastanien

EINE KLARE SUPPE, DIE SICH JEDER NACH GESCHMACK BEI TISCH MIT NUOC-CHAM- UND FISCHSAUCE WÜRZEN DARF.

Wasserkastanien haben mit unseren heimischen Kastanien den Namen gemein und schmecken auch ähnlich, botanisch gesehen handelt es sich bei ersteren jedoch um die Sproßknollen eines Riedgrasgewächses. Verbreitet ist die Wasserkastanie in Westafrika, Madagaskar und Indien, vor allem aber in ganz Ostasien, wo sie sich besonderer kulinarischer Beliebtheit erfreut. Hierzulande werden die Knollen mit dem festen, cremefarbenen Inneren meist küchenfertig in Dosen angeboten. Wem sich jedoch die Gelegenheit bietet, frische Wasserkastanien zu bekommen, der sollte zugreifen und zum Beispiel diese in Vietnam »Bo Bun Hue« genannte Suppe damit ausprobieren!

| |
|---|
| **Für die Brühe:** |
| 30 g frische Ingwerwurzel, 120 g Zwiebeln |
| 700 g Rinderschulter, 300 g Rinderwade mit Knochen |
| 1 Stück unbehandelte Mandarinenschale |
| 4 Kapseln Sternanis, Salz |
| 150 g frische Wasserkastanien, 80 g Frühlingszwiebeln |
| 100 g frische Sojabohnensprossen |
| 250 g Mee (chinesische Eiernudeln) |
| **Für die Nuoc-cham-Sauce:** |
| 1 rote Chilischote, 20 ml Limettensaft |
| 60 ml Fischsauce |
| 20 g Palmzucker oder brauner Zucker |
| 20 g geröstete Erdnüsse, gehackt |
| 30 g Möhre, geraspelt |
| **Außerdem:** |
| 1 EL Korianderblättchen, Fischsauce (Nuoc mam) |

1. Den Ingwer und die Zwiebeln schälen. Den Ingwer in Scheiben schneiden, die Zwiebeln vierteln. 2 l Wasser mit Rinderschulter und -wade, Ingwer, Zwiebeln, Mandarinenschale sowie Sternanis in einem entsprechend großen Topf zum Kochen bringen, die Hitze reduzieren, die Brühe salzen und etwa 2 1/2 Stunden köcheln lassen.

2. Währenddessen die Nuoc-cham-Sauce zubereiten. Dazu die Chilischote vom Stielansatz befreien, in Ringe schneiden und die Samen entfernen. Den Limettensaft, die Fischsauce, den Zucker und 60 ml Wasser so lange miteinander verrühren, bis sich der Zucker gelöst hat. Anschließend die Chiliringe, die Erdnüsse und die Möhre unterrühren.

3. Die Wasserkastanien gründlich waschen. Gelbliche, welk wirkende Exemplare aussortieren. Die restlichen mit einem scharfen Messer wie einen Apfel schälen, dabei auch den zähen Stielansatz entfernen. Die Knollen in Scheiben schneiden.

4. Die Frühlingszwiebeln putzen und in feine Ringe schneiden. Die Sojabohnensprossen verlesen, waschen und 1/2 Minute blanchieren. Abgießen und gut abtropfen lassen. Das Fleisch aus der Suppe nehmen und in dünne Scheiben schneiden. Die Brühe durch ein feines Haarsieb gießen. Die Nudeln in leicht gesalzenem Wasser etwa 8 Minuten kochen, abgießen und gut abtropfen lassen.

5. In der Zwischenzeit die Brühe noch einmal zum Kochen bringen, die Wasserkastanien darin 5 Minuten köcheln lassen und die Brühe abschmecken.

6. Die heißen Nudeln auf Teller verteilen, die Fleischscheiben darauf legen und die Frühlingszwiebeln sowie die Sojasprossen darüberstreuen. Die Brühe mit den Wasserkastanien darübergießen. Mit Korianderblättchen bestreuen und mit Nuoc-cham-Sauce sowie Fischsauce servieren.

# Tomatensuppe mit Eierblumen

## LEICHT, FEINSÄUERLICH UND ERFRISCHEND: DIESE SUPPE SCHMECKT AUCH AN HEISSEN SOMMERTAGEN.

Die Küche Vietnams ist nicht nur von der französischen, sondern auch von der chinesischen Kochkunst geprägt. So geht das Rezept für die vietnamesische Tomatensuppe mit Eierblumen wahrscheinlich auf deren Einfluß zurück. Es stammt aus dem Süden des Landes, wo Obst und Gemüse in großer Vielfalt gedeihen. Besonders erfrischend wird die Suppe durch Kaffir-Limettenblätter, die in der Geflügelbrühe mitkochen. Gewürzt wird sie darüber hinaus mit »Nuoc mam«, der typisch vietnamesischen Fischsauce.

| |
|---|
| 20 g frische Ingwer- oder Galgantwurzel |
| 80 g Schalotten, 600 g Tomaten, 2 EL Erdnußöl |
| 1 EL Palmzucker, 1,2 l Geflügelbrühe |
| 3 Kaffir-Limettenblätter, Salz, frisch gemahlener Pfeffer |
| 2 bis 3 EL Fischsauce (Nuoc mam) |
| 50 g Frühlingszwiebeln, 3 Eier |
| **Außerdem:** |
| einige Korianderblättchen zum Bestreuen |

1. Ingwer oder Galgant schälen, grob würfeln. Die Schalotten schälen und in Ringe schneiden. Tomaten blanchieren, abschrecken, häuten, vierteln, Samen und Stielansatz entfernen und das Fruchtfleisch in 5 mm breite Streifen schneiden.

2. Das Öl in einem entsprechend großen Topf erhitzen, die Schalotten darin glasig anschwitzen, den Zucker darüberstreuen und karamelisieren lassen. Die Tomaten kurz mitdünsten und mit der Geflügelbrühe aufgießen. Den Ingwer oder Galgant sowie die Kaffir-Limettenblätter einlegen und die Suppe zum Kochen bringen. Die Hitze reduzieren und alles 20 Minuten köcheln lassen. Mit Salz, Pfeffer sowie der Fischsauce würzen.

3. Inzwischen die Frühlingszwiebeln putzen und in dünne Ringe schneiden. Nach Ende der Garzeit den Ingwer beziehungsweise Galgant sowie die Limettenblätter herausnehmen.

4. Von der Suppe 200 ml Brühe abnehmen und knapp unter dem Siedepunkt halten. Die Eier mit der Gabel verquirlen und die Eimasse langsam in die heiße Brühe einlaufen lassen. Nach 30 Sekunden mit der Gabel einige Male vorsichtig umrühren – so entstehen die »Eierblumen« – und kurz ziehen lassen.

5. Die Tomatensuppe erneut zum Kochen bringen. Die Eierblumen mit dem Schaumlöffel aus der Brühe heben und in die Suppe einsetzen. Diese mitsamt den Eierblumen noch 1 Minute unter vorsichtigem Rühren köcheln lassen, die Frühlingszwiebeln einrühren, mit Fischsauce, Salz und Pfeffer abschmecken und mit Korianderblättchen bestreuen.

**Luftige Eierblumen** verleihen dieser köstlichen Suppe das gewisse Etwas. Damit sie klar bleibt, sollte das Ei nicht direkt in die Suppe gerührt werden. Besser ist es, etwas Brühe abzunehmen und die Eierblumen darin ziehen zu lassen. Es empfiehlt sich, diese Brühe dann anderweitig zu verwenden, denn sie würde die Suppe unweigerlich trübe machen.

# Maiscremesuppe

## IHRE BESONDERE KONSISTENZ ERHÄLT DIE SUPPE DURCH PÜRIERTE UND GANZE MAISKÖRNER.

Im Unterschied zu dem aus Zentral- und Südamerika stammenden und seit Jahrtausenden bekannten Mais existiert der Zuckermais erst seit dem 19. Jahrhundert. Seit dem Zweiten Weltkrieg wird er zunehmend in der ganzen Welt kultiviert, so auch in Vietnam. Er ist die Basis für diese kräftige Suppe.

**Ein Zuckermaiskolben** ist reif, wenn sich die aus den Hüllblättern herausragenden „Narbenfäden" braun verfärbt haben. Die Körner sind dann hell- bis dunkelgelb, vollrund und glatt.

| |
|---|
| 5 frische Zuckermaiskolben (je etwa 220 g), Salz |
| 600 g Hähnchenkeulen |
| 80 g Möhre, 60 g Zwiebel |
| 40 g Stangensellerie |
| 50 g Lauch, 2 Knoblauchzehen |
| 100 g Schalotten |
| 50 g Frühlingszwiebeln |
| 2 EL Erdnußöl |
| 2 EL vietnamesische Fischsauce |
| frisch gemahlener Pfeffer |
| 2 TL Maisstärke, mit 1 EL kaltem Wasser angerührt |
| **Außerdem:** |
| 1 EL Vap ca, in Streifen geschnitten |

**Die Vietnamesen** verwenden meist eine Schweinefleischbrühe für diese Suppe; hier wird sie statt dessen mit Geflügelbrühe zubereitet. Der frische Mais kann auch durch Dosenware ersetzt werden.

**Vap ca** ist ein Kraut, das aus Vietnam stammt. Seine herzförmigen Blätter haben einen schmalen roten Rand. Es schmeckt frisch und zitronenartig und wird in der traditionellen Küche des Landes zur Verfeinerung von Suppen und Salaten verwendet.

1. Die Maiskolben von Hüllblättern und Fäden befreien und 25 Minuten in kochendem Salzwasser garen. Die Kolben herausnehmen und abkühlen lassen. Die Körner mit einem scharfen Messer abschneiden, diejenigen eines Kolbens beiseite stellen. Die restlichen Maiskörner pürieren und durch ein feines Sieb passieren.

2. Die Hähnchenkeulen unter fließendem kaltem Wasser waschen. Möhren, Zwiebel, Stangensellerie und Lauch schälen beziehungsweise putzen und in kleine Stücke schneiden. 1,2 l Wasser zum Kochen bringen, Gemüse und Geflügel einlegen und alles bei reduzierter Hitze 20 bis 25 Minuten köcheln lassen. Die Keulen herausnehmen, etwas abkühlen lassen und häuten. Das Fleisch von den

Knochen lösen und in kleine Stücke schneiden. Die Brühe durch ein feines Sieb passieren und beiseite stellen.

3. Die Knoblauchzehen schälen und fein hacken. Die Schalotten schälen, in dünne Ringe schneiden. Die Frühlingszwiebeln putzen und ebenfalls in Ringe schneiden. Das Öl im Wok erhitzen, Knoblauch, Schalotten und Frühlingszwiebeln etwa 1 Minute darin braten. Hähnchenfleisch und Maiskörner zufügen, weitere 3 bis 4 Minuten pfannenrühren. Die Mischung mit der Fischsauce ablöschen und mit Salz und Pfeffer würzen.

4. Von der beiseite gestellten Brühe 1 l zum Kochen bringen und den pürierten Mais sorgfältig unterrühren. Mit der angerührten Maisstärke binden und erneut aufkochen lassen. Die Zutaten aus dem Wok zufügen und 5 Minuten darin ziehen lassen. Nach Belieben mit Fischsauce, Salz und Pfeffer abschmecken – doch Vorsicht, die Fischsauce kann schon sehr salzig sein. Die Suppe in vorgewärmte Teller schöpfen, mit dem Vap ca bestreuen und servieren.

Die Maiscremesuppe kann man noch verfeinern, indem man ein verquirltes Ei in die gebundene Suppe gießt und diese unter ständigem Rühren 1 Minute kochen läßt, bevor man das Hühnerfleisch und die Maiskörner hinzufügt.

# Spargelsuppe mit Reis und gebratenem Fisch

HIER GEHT NICHTS VOM AROMA DES EDLEN GEMÜSES VERLOREN, WIRD DOCH VON DEN SCHALEN NOCH EINE BRÜHE GEKOCHT.

Einer der beliebtesten Speisefische Asiens, der Red Snapper, ist für diese Suppe genau richtig, doch kann man getrost auch zu Zacken- oder Wolfsbarsch (Loup de mer) greifen. Wer den Fisch nicht selbst ausnehmen und schuppen mag, sollte seinen Händler um ein fertig vorbereitetes Exemplar bitten. Und wer die Gräten in den Fischstücken scheut, kann ebensogut Filets (mit der Haut, die dann beim Braten schön knusprig wird) quer in Streifen schneiden und zubereiten, wie im Rezept angegeben.

| |
|---|
| 1 Red Snapper (etwa 350 g) |
| 400 g weißer Spargel |
| 50 g Zuckerschoten |
| 2 kleine rote Chilischoten, 10 g frische Galgantwurzel |
| 2 Knoblauchzehen, 20 g Zitronengras, Salz |
| 100 g asiatischer Rundkornreis |
| 3 EL Austernsauce, 4 EL helle Sojasauce |
| frisch gemahlener Pfeffer, 4 EL Pflanzenöl |
| **Außerdem:** |
| 1 EL gehackter Vietnamesischer Koriander (Rau ram) |
| 30 g Frühlingszwiebeln in feinen Ringen |

1. Den Fisch mit einem Tuch am Schwanzende festhalten und die Flossen in Richtung Kopf abschneiden. Die Schuppen ebenfalls in Richtung Kopf abschaben. Die Bauchhöhle mit einem spitzen Messer der Länge nach aufschneiden, dabei an der Afteröffnung beginnen. Die Eingeweide und den Kopf entfernen, den Fisch innen und außen unter fließendem kaltem Wasser gründlich waschen und trockentupfen. Das Fleisch quer in etwa 2 1/2 cm dicke Scheiben schneiden. Zugedeckt bis zur weiteren Verwendung in den Kühlschrank stellen.

2. Den Spargel putzen und dünn schälen, die Stangen in 4 cm große Stücke schneiden. Die Schalen waschen und in 1,5 l Wasser 15 Minuten kochen. Von diesem Sud 1,2 l abmessen und zur weiteren Verwendung beiseite stellen, einen eventuellen Rest anderweitig verwenden.

3. Die Zuckerschoten waschen, putzen und in Rauten von 1 cm Kantenlänge schneiden. Die Chilischoten vom Stielansatz befreien, halbieren, Samen und Scheidewände entfernen. Galgant, Knoblauch und Zitronengras schälen beziehungsweise putzen und in feine Scheiben schneiden.

4. Den Spargelsud ganz leicht salzen und mit Reis, Chilihälften, Galgant, Knoblauch und Zitronengras zum Kochen bringen. Die Hitze reduzieren und die Suppe 5 Minuten köcheln lassen. Die Spargelstücke hinzufügen und weitere 5 Minuten köcheln lassen. Dann die Zuckerschoten 3 bis 4 Minuten mitgaren. Die Suppe mit Austern- und Sojasauce würzen.

5. Den Fisch salzen und pfeffern. Das Öl in Wok oder Pfanne erhitzen und den Fisch darin in etwa 3 Minuten rundum knusprig braten. Die Fischscheiben in Schälchen anrichten und mit der Suppe übergießen. Mit dem gehackten Rau ram und den Frühlingszwiebeln bestreuen und servieren.

**Knusprig gebratener Fisch** und knackiges Gemüse in einer gut gewürzten Spargelbrühe: Eigentlich ist jeder Bestandteil dieser Suppe schon eine Köstlichkeit für sich.

**Eine Haifischflosse,** getrocknet und von der Haut befreit. Die einzelnen Muskelfasern trennen sich während der langwierigen Trocknungsprozedur voneinander, und so wirkt das Gebilde bizarr und ähnelt eher einem Pflanzenteil als einer Fischflosse.

# Haifischflossensuppe

## EINE SPEZIALITÄT, FÜR DEREN ZUBEREITUNG MAN SCHON ETWAS ZEIT EINPLANEN SOLLTE.

In weiten Teilen der Welt nicht weiter beachtet, in China dagegen eine teure Delikatesse: getrocknete Haifischflossen. Sie werden im Reich der Mitte für Suppen – übrigens in ungezählten Rezeptvariationen, etwa mit Ente und Hunan-Schinken – verwendet oder geschmort serviert. Um die getrockneten Flossen, die zäh wie Leder sind, als Festessen auftischen zu können, ist eine lange Prozedur des Einweichens, Säuberns, Vor- und Garkochens in einer würzigen Brühe notwendig. So nimmt es nicht Wunder, daß man der Suppe nachsagt, es brauche 3 Tage, um sie zuzubereiten, aber nur 3 Minuten, um sie zu essen. Dieses berühmte chinesische Gericht im Westen authentisch nachzukochen, scheint nahezu unmöglich. Wer das Wagnis dennoch nicht scheut, dem sei das folgende Grundrezept empfohlen.

**Eine Suppe für festliche Anlässe –** in einer entsprechend edlen Terrine serviert. Diese feine Variante der Haifischflossensuppe wurde mit in Scheiben geschnittenem Abalonenfleisch und chinesischem Brokkoli zubereitet.

**Chinesische Händler** importieren getrocknete Haifischflossen aus aller Welt. Gehandelt werden die Rückenfinnen von fast allen Haien, doch schätzt man diejenigen mancher Arten besonders – etwa die vom »blacktip shark«. Die getrockneten Flossen werden von spezialisierten Firmen in aufwendigen Verfahren vorgekocht, präpariert und dann wieder getrocknet in den Handel gebracht.

| Für 6 bis 8 Portionen |
|---|
| 100 g getrocknete Haifischflossen |
| 2 l Hühnerbrühe, 4 Frühlingszwiebeln |
| 10 g frische Ingwerwurzel, geschält und in Scheiben |
| 25 g getrocknete chinesische Blumenpilze |
| 100 g Bambussprossen (aus der Dose) |
| 250 g Hähnchenbrust, 2 EL Öl |
| 1 EL chinesischer Reiswein, 2 EL helle Sojasauce |
| 1 EL roter Reisessig, je 1/2 TL Zucker und Salz |
| 3 EL Maisstärke |

1. Die Haifischflossen mit Wasser bedecken und 24 Stunden einweichen. Herausnehmen, abtropfen lassen und mehrfach gründlich waschen, um sie von allen Verunreinigungen und von eventuell noch vorhandenen Hautresten zu befreien.

2. Mit frischem Wasser bedeckt in einem Topf zum Kochen bringen und 2 Stunden kochen lassen, dabei mehrmals das Kochwasser wechseln. Herausnehmen und trockentupfen.

3. Die Flossen mit 3/4 l Hühnerbrühe zum Kochen bringen. Frühlingszwiebeln putzen, waschen und mit den Ingwerscheiben in die Brühe einlegen. Aufwallen lassen, die Hitze reduzieren und 15 Minuten köcheln lassen. Frühlingszwiebeln und Ingwer entfernen, Brühe und Flossen für die spätere Verwendung beiseite stellen.

4. In der Zwischenzeit die Blumenpilze etwa 20 Minuten in lauwarmem Wasser einweichen. Die Bambussprossen und das Hähnchenfleisch in Streifen schneiden. Die Pilze aus dem Einweichwasser nehmen, leicht ausdrücken, die harten Stiele entfernen und die Hüte vierteln.

5. Das Öl im Wok erhitzen, das Fleisch darin anbraten und herausnehmen. Die restliche Hühnerbrühe und die Flossen samt Garflüssigkeit angießen, zum Kochen bringen. Die Pilze einlegen, alles mit Reiswein, Sojasauce, rotem Reisessig, Zucker und Salz würzen. 15 bis 20 Minuten köcheln lassen, das Hähnchenfleisch wieder einlegen und die Bambussprossen einrühren.

6. Die Maisstärke mit ein wenig kaltem Wasser anrühren und die Suppe damit binden. Abschmecken und sehr heiß servieren.

# Hühnersuppe mit Kokosmilch

WICHTIG FÜR DIE ZUBEREITUNG: DIE KOKOSMILCH WIRKLICH LANGSAM ERWÄRMEN, DAMIT SIE SICH SCHÖN CREMIG MIT DER BRÜHE VERBINDET.

| |
|---|
| **Für die Hühnerbrühe:** |
| 1 küchenfertiges Huhn (etwa 1,3 kg) |
| 300 g Hunan-Schinken, 50 g Lauch |
| 30 g frische Ingwerwurzel |
| 1 Stück getrocknete Tangerinenschale (etwa 2 g) |
| 2 EL Reiswein |
| 1 gestrichener TL Salz |
| **Für die Suppe:** |
| 1 Stengel Zitronengras, 80 g Frühlingszwiebeln |
| 2 Kaffir-Limettenblätter, 3 grüne Chilischoten |
| 40 g Stangensellerie |
| 60 g asiatischer Langkornreis, Salz |
| abgeriebene Schale und Saft von 1 Kaffir-Limette |
| 5 g Palmzucker, Pfeffer nach Bedarf |
| 1/2 l Kokosmilch |
| **Außerdem:** |
| 10 g Chinesischer Lauch, in Röllchen geschnitten |

Für die Brühe das Huhn unter fließendem kaltem Wasser innen und außen waschen, gut abtropfen lassen und in einen entsprechend großen Topf legen. Den Hunan-Schinken in 2 Scheiben schneiden. Den Lauch putzen, waschen und in Ringe schneiden. Den Ingwer schälen und in dünne Scheiben schneiden. Weiterverfahren, wie in der Bildfolge gezeigt. Zum Passieren ein Spitzsieb mit einem Tuch auslegen, das Huhn aus der Brühe heben und die Brühe durch das Sieb laufen lassen. Für die Suppe benötigt man 1/2 l Brühe, der Rest kann eingefroren oder für andere Gerichte verwendet werden. Für die Suppe das Zitronengras in dünne Ringe schneiden. Die Frühlingszwiebeln putzen, waschen und in feine Ringe schneiden. Die Limettenblätter in sehr feine Streifen schneiden. Von den Chilischoten den Stielansatz entfernen und das Fruchtfleisch in dünne Ringe schneiden, dabei die Samen entfernen. Den Sellerie waschen, die groben Fäden entfernen und die Stangen in etwa 5 cm lange, dünne Stifte schneiden. Den Reis in leicht gesalzenem Wasser 15 bis 18 Minuten garen, abseihen und gut abtropfen lassen. Die Hühnerbrühe in einem Topf mit dem Zitronengras und den Limettenblättern aufkochen, die Hitze reduzieren und die Brühe 10 Minuten köcheln lassen. Limettenschale, Limettensaft, Sellerie, Chillies und Frühlingszwiebeln weitere 2 bis 3 Minuten mitköcheln lassen. Mit Palmzucker, Salz und Pfeffer nach Bedarf würzen. Die Kokosmilch unterrühren und langsam erwärmen. Das Huhn häuten. Das Fleisch von den Knochen lösen, in mundgerechte Stücke schneiden und zusammen mit dem Reis in Suppenschalen anrichten. Die heiße Hühnersuppe zugießen. Mit Lauchröllchen garnieren.

Die Hunan-Schinkenscheiben zu dem Huhn in den Topf legen, 3 l kaltes Wasser zugießen und zum Kochen bringen.

Die Brühe etwa 2 Stunden bei geringer Hitze köcheln lassen, dabei immer wieder den aufsteigenden Schaum abschöpfen.

Lauch, Ingwer, Tangerinenschale, Reiswein und Salz zufügen. Die Brühe 1 weitere Stunde bei geringer Hitze köcheln lassen.

Nach insgesamt 3 Stunden ist die Brühe fertig. Vom Herd nehmen und durch ein feines Sieb passieren. Ergibt etwa 2 l Brühe.

Die Tofuscheiben nebeneinander auf eine Arbeitsplatte legen. Die erste von ihnen dünn mit Speisestärke bestauben. Die Garnelenmasse bis zum Rand daraufstreichen und erneut mit Speisestärke bestauben.

# Dashi mit Gemüse und Garnelenschnittchen

## EINFACHHEIT DER ZUTATEN SCHLIESST ELEGANZ IN DER PRÄSENTATION KEINESWEGS AUS.

In diesem Rezept kommt gleich eine ganze Reihe von Zutaten zum Einsatz, die für die japanische Küche unentbehrlich sind: die Bestandteile der Dashi-Brühe, Kombu und Bonitoflocken, sowie Tofu und Sojasauce. Mirin ist übrigens ein süßer Reiswein, der nicht getrunken, sondern ausschließlich bei der Zubereitung von Speisen verwendet wird. Er wird aus Mochi-Gome, einem kurzkörnigen, stärkehaltigen Reis, gewonnen und hat einen Alkoholgehalt von 13 bis 22 Prozent.

| |
|---|
| **Für die Dashi-Brühe:** |
| 20 g Kombu (Seetang), 30 g Bonitoflocken |
| 5 EL helle Sojasauce, 3 EL Mirin, Salz |
| **Für die Garnelenschnittchen:** |
| 200 g rohe Garnelenschwänze ohne Schale |
| 5 g frische Ingwerwurzel |
| Salz, frisch gemahlener schwarzer Pfeffer |
| 1/2 EL Mirin, 1/2 EL Reiswein, 1 Eigelb |
| 1/2 EL Speisestärke, 375 g Tofu, 1 EL Speisestärke |
| **Außerdem:** |
| 300 g Erbsen in der Schote, 150 g Spinat |
| 120 g Möhren, 2 Stück Gaze von etwa 25 mal 25 cm |
| Kapuzinerkresseblüten zum Garnieren |

Die Garnelen auf der Rückseite aufschneiden, den Darm herausziehen und das Fleisch grob zerkleinern. Den Ingwer schälen und fein reiben. Garnelen, Ingwer, Salz, Pfeffer, Mirin, Reiswein, Eigelb und die in sehr wenig Wasser angerührte Speisestärke in einem Mixer fein pürieren. Die Garnelenmasse durch ein feines Sieb streichen, würzen und kalt stellen. Für die Dashi-Brühe den Kombu mit einem feuchten Tuch vom weißen Puder befreien, mit 1 l Wasser zum Kochen bringen und bei reduzierter Temperatur 10 bis 15 Minuten köcheln lassen. Sobald Blasen aufsteigen, mit dem Fingernagel prüfen, ob der Seetang

Eine zweite Tofuscheibe auf die bestrichene Scheibe legen und diese ebenso behandeln wie die erste. Den Block mit einer unbestrichenen Scheibe abschließen, etwas zusammendrücken und in ein Stück Gaze wickeln. Mit den restlichen Scheiben genauso verfahren.

weich ist, sonst noch 1 bis 2 Minuten ziehen lassen. Den Kombu entfernen, die Flüssigkeit mit 80 ml Wasser abkühlen und die Bonitoflocken einstreuen. Erneut zum Kochen bringen, den Topf vom Herd nehmen und warten, bis der Fisch auf den Topfboden abgesunken ist. Die Dashi-Brühe durch ein Tuch seihen, mit Sojasauce, Mirin und Salz würzen. Die Erbsen auspalen. Den Spinat putzen, waschen und abtropfen lassen. Die Möhren schälen und in ganz feine, etwa 5 cm lange Streifen schneiden. Die Tofublöcke längs in 6 Scheiben von 1 cm Dicke schneiden. Tofuscheiben und Füllung zu zwei Blöcken schichten, wie in der Bildfolge beschrieben, und mit Gaze umwickelt in einem Dampftopf bei mittlerer Hitze 15 Minuten dämpfen. Die Dashi-Brühe erwärmen, die gedämpften Blöcke einlegen, 10 Minuten ziehen lassen, herausnehmen, aus der Gaze wickeln und quer in 1,5 cm breite Scheiben schneiden. Die Erbsen in kochendem Salzwasser 5 Minuten garen, herausnehmen. Den Spinat einlegen, 1 Minute blanchieren, herausnehmen und abtropfen lassen. Die Möhren 4 Minuten in der Dashi-Brühe köcheln lassen, Spinat und Erbsen zufügen, nochmals erwärmen und abschmecken. Die Brühe in Schalen schöpfen, die Garnelenschnittchen einlegen und das Gericht mit einer Kapuzinerkresseblüte garniert servieren.

**Gedünsteter Sellerie** paßt gut zur Brühe: Dazu 250 g geputzten, in Streifen geschnittenen Stangensellerie 1 Minute in 2 EL Pflanzenöl anschwitzen, 2 EL Reiswein zugießen, das Gemüse dünsten, bis die Flüssigkeit verdampft ist. Mit etwas Zucker, 3 EL Sojasauce, Salz und frisch gemahlenem Pfeffer würzen und mit geröstetem Sesam bestreuen.

**Sake, Sojasauce und getrocknete Mu-Err-Pilze** – viel mehr an Würze braucht diese Suppe nicht. Denn schließlich darf das Aroma der Einlagen nicht überdeckt werden!

# Gemüse-Muschel-Suppe

## EINMAL NICHT AUF DER GRUNDLAGE VON DASHI, SONDERN MIT GEFLÜGELFOND ZUBEREITET.

Klare Suppen sind in Japan, ganz wie im Westen auch, als Auftakt zu einem Menü beliebt. Diese Brühe, die sich wie die meisten japanischen Suppen schnell und recht einfach zubereiten läßt, besticht durch ihre Einlage aus knackigem Gemüse, das in apartem Kontrast zum zarten Muskelfleisch und dem Rogen der Kammuscheln steht. In Japan wird man wohl die Japanische Fächermuschel für die Einlage wählen, die in ihrer Heimat mit der rotbraunen Seite die Sonne, mit der elfenbeinfarbenen dagegen den Mond symbolisiert. In Europa steht eine nicht minder delikate Kammuschel zur Verfügung: die Jakobsmuschel. Ein »Ersetzen« der einen durch die andere Art ist übrigens nicht nur vom kulinarischen Standpunkt aus durchaus statthaft: Es steht auch ganz im Einklang mit japanischen Rezepttraditionen, die für ein und dieselbe Grundzubereitung häufig eine ganze Menge anderer Zutaten aufzählen, auf die man ausweichen und mit denen das Gericht ebensogut zubereitet werden kann. Wer mag, kann deshalb diese Suppe statt mit Muscheln auch einmal mit Garnelen als Einlage probieren.

| |
|---|
| 10 g getrocknete Mu-Err-Pilze |
| 4 Kammuscheln (etwa Jakobsmuscheln) |
| 80 g Möhren |
| 50 g Zuckerschoten |
| 1 l Geflügelfond |
| 2 EL helle Sojasauce |
| 1 EL Sake |
| Salz, frisch gemahlener Pfeffer |

**Jakobsmuschelfleisch,** mit knackigem Gemüse in einer mildwürzigen Brühe vereint: Eine solch köstliche Kombination überzeugt in Ost und West gleichermaßen.

| Außerdem: |
|---|
| 1 EL gehackte Petersilie |

1. Die Mu-Err-Pilze in einer Schüssel in etwas kaltem Wasser einweichen. Die Muscheln unter fließendem kaltem Wasser gründlich säubern. Zum Öffnen jede Muschel – die flache Schalenseite nach oben – fest packen, eventuell ein Küchentuch zu Hilfe nehmen. Ein spitzes, starkes Messer zwischen die Schalen schieben, den Muskel an der Innenseite der flachen Schalenhälfte durchtrennen und die Schale abheben. Mit einem Messer das Muschelfleisch entlang dem grauen Rand auslösen und herausheben. Den grauen Rand von dem weißen Muskelfleisch (»Nüßchen«) und dem

orangeroten Rogen (»Corail«) abziehen; er kann anderweitig – hervorragend etwa für einen Fischfond – verwendet werden. Nüßchen und Corail vorsichtig trennen.

2. Das Fleisch und den Rogen einige Sekunden in heißem Wasser anziehen lassen, herausnehmen, etwas abkühlen lassen, beides in Streifen von etwa 1/2 cm Breite und 4 cm Länge schneiden.

3. Die Möhren schälen und in dünne Stifte schneiden. Die Zuckerschoten waschen, trockentupfen, die Enden abschneiden und die Schoten schräg in Rauten schneiden. Die Mu-Err-Pilze etwas ausdrücken, in feine Streifen schneiden.

4. Den Geflügelfond in einem entsprechend großen Topf aufkochen und mit Sojasauce, Sake, Salz und Pfeffer würzen. Die Hitze reduzieren, die Möhren zufügen und 5 Minuten köcheln lassen. Die Zuckerschoten und die Pilze untermischen und 5 Minuten mitköcheln lassen.

5. Zum Schluß die Muscheln in die Suppe einlegen und bei geringer Hitze 2 bis 3 Minuten ziehen lassen. Mit Salz und Pfeffer abschmecken. Die Suppe in Portionsschälchen verteilen und mit Petersilie bestreut servieren.

**Kombu und Katsuo-bushi:** Seetang und Bonitoflocken, beides getrocknet, das sind die Grundlagen der klassischen Dashi-Brühe mit ihrem frischen Meeraroma, die in Japan als Basis vieler Suppen dient.

# Gemüsesuppe mit Krebsfleischbällchen

MIT DELIKATEN EINLAGEN UND GESCHMACKLICH PERFEKT AUF DIE BRÜHE ABGESTIMMT – SO LIEBEN DIE JAPANER IHRE SUPPEN.

| |
|---|
| 10 g frische Ingwerwurzel, 80 g grüne Bohnen |
| 50 g Shiitake-Pilze, 80 g Möhren, 50 g Feldsalat |
| Salz, 1 EL helle Sojasauce |
| frisch gemahlener Pfeffer (Sansho), 15 g Maisstärke |
| **Für die Krebsfleischbällchen:** |
| 5 g getrocknete Mu-Err-Pilze |
| 80 g ausgelöstes Krebsfleisch |
| 200 g weißes Fischfilet (etwa Dorsch) |
| 1 Eiweiß, 15 g Maisstärke, 1 EL Sake |
| 1 EL Mirin, Salz, frisch gemahlener weißer Pfeffer |
| **Für die Dashi-Brühe:** |
| 20 g Kombu (Seetang), 30 g Bonitoflocken |

1. Für die Krebsfleischbällchen die Mu-Err-Pilze mit lauwarmem Wasser bedecken und 30 Minuten einweichen lassen. Das Wasser abgießen, die Pilze gut ausdrücken und fein hacken. Das Krebsfleisch sehr fein würfeln.

2. Das gut gekühlte Fischfilet klein würfeln und im Mixer pürieren, dabei das Eiweiß, die in 1 EL Wasser angerührte Maisstärke, den Sake sowie den Mirin unterrühren. Die Masse durch ein feines Sieb in eine Schüssel streichen, mit Salz und Pfeffer würzen. Das Krebsfleisch sowie die gehackten Pilze untermischen und die Masse zugedeckt 2 Stunden kühl stellen.

3. Für die Dashi-Brühe mit einem feuchten Tuch den weißen Puder von den Kombu-Blättern abreiben. In einem Topf 1 l Wasser mit dem Seetang zum Kochen bringen, 10 bis 15 Minuten köcheln lassen. Wenn Blasen aufsteigen, mit dem Fingernagel prüfen, ob der Tang weich ist; wenn nicht, noch 1 bis 2 Minuten ziehen lassen. Den Kombu entfernen und die Brühe mit 80 ml kaltem Wasser abkühlen. Die Bonitoflocken einrühren. Sobald die Brühe erneut zu kochen beginnt, vom Herd nehmen und warten, bis sich die Fischflocken abgesetzt haben. Die Dashi-Brühe durch ein mit einem Tuch ausgelegtes Sieb passieren.

4. Für die Suppeneinlage den Ingwer schälen und in hauchdünne Scheibchen schneiden. Bohnen waschen, putzen, eventuell vorhandene Fäden abziehen und das Gemüse schräg in 1/2 cm große Stücke schneiden. Von den Shiitake-Pilzen die harten Stiele entfernen, die Hüte je nach Größe halbieren oder vierteln. Die Möhren schälen und in dünne, etwa 5 cm lange Stifte schneiden. Den Feldsalat waschen, abtropfen lassen und in einzelne Blättchen teilen.

5. Aus der Krebs-Fisch-Masse 12 kleine Bällchen von je etwa 20 g formen. In einem Topf leicht gesalzenes Wasser zum Kochen bringen, die Hitze reduzieren und die Bällchen darin in etwa 8 Minuten garziehen lassen.

6. Die Dashi-Brühe mit Sojasauce, Salz und Pfeffer würzen. Aufkochen, Bohnen und Möhren darin 5 Minuten köcheln lassen, Shiitake und Ingwer weitere 3 Minuten mitköcheln. Die Maisstärke mit 1 EL kaltem Wasser anrühren, die Suppe damit binden und nochmals aufwallen lassen. Die Krebsfleischbällchen mit dem Schaumlöffel aus dem Wasser heben, gut abtropfen lassen und in die Suppe geben. Den Feldsalat zufügen, noch 1 Minute ziehen lassen. Die Suppe in Schalen anrichten und servieren.

# Miso-Suppe

## MIT GEBRATENEM SCHWEINEFLEISCH, GEMÜSE UND DER BERÜHMTEN SIEBEN-GEWÜRZE-MISCHUNG.

Als Miso werden in Japan Würzpasten bezeichnet, die aus fermentierten Sojabohnen, Getreiden und Meersalz hergestellt sind. Je nach Alter und Zusammensetzung können Geschmack und Konsistenz ganz unterschiedlich sein – ihre Herstellung ist eine Wissenschaft für sich. In Japan werden die zahlreichen unterschiedlichen Misos in speziellen Miso-Handlungen angeboten. Die aufgrund ihres hohen Eiweiß- und Vitamin-B-12-Gehalts sehr geschätzten Pasten, die quasi durch nichts zu ersetzen sind, werden bei uns in Naturkostläden verkauft.

| |
|---|
| 120 g Schweinefleisch (etwa aus der Oberschale) |
| 50 g Bambussprossen, 100 g weißer Spargel |
| 80 g Möhre, 30 g frische Shiitake-Pilze |
| 40 g Frühlingszwiebeln, 2 EL Pflanzenöl |
| 30 g Gersten-Miso (mugi miso) |
| **Für die Dashi-Brühe:** |
| 20 g Kombu (Seetang), 30 g Bonitoflocken |
| **Für die Shichimi-Gewürzmischung:** |
| 1/2 TL Leinsamen, 1 TL Sesam |
| 1/2 TL getrocknete Orangenschale |
| 1/2 TL Mohnsamen |
| 2 kleine, getrocknete Chilischoten |
| 1 TL Ao-nori (getrocknete Seetangflocken) |
| etwas Sansho (japanischer Pfeffer) |

**Eine Miso-Suppe** gehört in Japan zu den beliebtesten Suppen überhaupt. Angereichert mit etwas Schweinefleisch und Gemüse ist sie sehr schmackhaft, vor allem, wenn sie mit einer Prise Shichimi-Pulver abgerundet wird.

**Shichimi – auch Sieben-Gewürze-Mischung** genannt – ist eine der wenigen in der japanischen Küche gebräuchlichen Würzmischungen. Für ihre Zubereitung sollte man sich die erforderlichen Zutaten besorgen.

1. Zunächst die Shichimi-Gewürzmischung herstellen. Sämtliche Zutaten im Mörser oder in der Kaffeemühle zu einem feinen Pulver vermahlen.

2. Für die Dashi-Brühe den weißen Puder von den Kombu-Blättern abreiben. In einem Topf 1 l Wasser mit dem Tang zum Kochen bringen, 10 bis 15 Minuten köcheln lassen. Wenn Blasen aufsteigen, mit dem Nagel prüfen, ob der Kombu weich ist; wenn nicht, noch 1 bis 2 Minuten ziehen lassen. Kombu entfernen und die Brühe mit 80 ml kaltem Wasser abkühlen. Die Bonitoflocken einrühren. Sobald die Brühe erneut zu kochen beginnt, vom Herd stellen und warten, bis sich die Fischflocken abgesetzt haben. Die Brühe durch ein mit einem Tuch ausgelegtes Sieb passieren.

3. Das Fleisch erst in dünne Scheiben, dann quer in etwa 4 cm lange Streifen schneiden. Die Bambussprossen in dünne Stifte teilen. Vom Spargel das untere Ende abschneiden und die Stangen von oben nach unten schälen, dabei dicht unter dem Kopf ansetzen und nach unten hin dicker schälen. Die Möhre schälen und wie den Spargel längs in dünne Scheiben, dann in 4 cm lange, dünne Streifen schneiden. Von den Shiitake-Pilzen die harten Stiele entfernen, die Hüte in feine Scheibchen schneiden. Die Frühlingszwiebeln putzen, schräg in dünne Scheibchen schneiden.

4. Das Öl in einem Topf erhitzen, das Fleisch darin hell anbraten, die Möhrenstreifen 2 Minuten mitschwitzen. Spargel und Shiitake untermischen und ebenfalls kurz mitschwitzen. Mit der heißen Dashi-Brühe aufgießen und die Suppe bei reduzierter Hitze 5 Minuten köcheln lassen. Kurz vor Ende der Garzeit die Bambussprossen und Frühlingszwiebeln untermischen.

5. Das Gersten-Miso in wenig kaltem Wasser sehr glatt verrühren, unter die Suppe mischen und diese nochmals aufkochen lassen. Mit Salz und Pfeffer abschmecken und die Suppe in Schalen verteilen. Nach Belieben etwas Shichimi-Pulver auf die Suppe streuen und servieren.

# Muscheln in Hühnerbrühe

## ASIATISCH GEWÜRZT – MIT SAKE, SOJASAUCE UND ZITRONENGRAS – SEHR DELIKAT.

Hierzulande mutet die Kombination von Muscheln und Hühnerbrühe eher ungewöhnlich an. In der australischen Küche aber, in der sich auch asiatische Einflüsse ausmachen lassen, sind solche Zusammenstellungen durchaus üblich. Und wer die Suppe erst einmal probiert, wird feststellen, daß sich die beiden Hauptkomponenten hervorragend vertragen. Für etwa 3 l Hühnerbrühe rechnet man ein Suppenhuhn von etwa 2,5 kg und 1 kg Kalbsknochen. Beides wird mit 4 l Wasser, 20 Pfefferkörnern, zwei Knoblauchzehen, einer mit 4 Nelken gespickten Zwiebel sowie einem Bouquet garni langsam geköchelt.

**Neuseeländische Miesmuscheln,** leicht zu erkennen an der charakteristischen grünen Farbe der Schale, sind besonders groß und mittlerweile auch bei uns gelegentlich im Angebot.

**Eine Hühnerbrühe –** selbstgekocht aus einem ganzen Huhn – empfiehlt sich für diese Muschelsuppe ganz besonders, da sie noch besser schmeckt als ein gekaufter Geflügelfond.

| |
|---|
| 1,2 kg neuseeländische Miesmuscheln |
| 150 g Möhren, 100 g Stangensellerie |
| 80 g Bambussprossen (aus der Dose) |
| 1 l Hühnerbrühe |
| 1 Stück Zitronengras (etwa 10 cm lang) |
| 1 rote Chilischote |
| 1 EL Fischsauce, 2 EL helle Sojasauce |
| 2 EL Sake (Reiswein) |
| Salz nach Bedarf |
| **Außerdem:** |
| 1 EL chinesischer Schnittlauch, in Röllchen geschnitten |

1. Die Miesmuscheln unter fließendem kaltem Wasser gründlich abbürsten, um alle noch vorhandenen Sand- und Kalkreste zu entfernen. Den

Bart mit den Fingern vollständig abziehen. Zur Sicherheit bereits geöffnete Exemplare wegwerfen, da sie verdorben sein können.

2. Die Möhren schälen, den Stangensellerie putzen und beides in feine, etwa 5 cm lange Streifen schneiden. Die Bambussprossen in mundgerechte Stücke schneiden.

3. Die Brühe in den Wok gießen. Das Zitronengras längs halbieren und zusammen mit der Chilischote in die Brühe einlegen. Zum Kochen bringen, die Hitze etwas reduzieren und den Fond auf etwa 800 ml einkochen lassen. Mit Fischsauce, Sojasauce und Reiswein würzen.

4. Die Möhren- und Selleriestreifen im Wok unter gelegentlichem Rühren 5 Minuten mitköcheln lassen. Die Muscheln zufügen und bei nicht zu starker Hitze 5 bis 6 Minuten garen, bis sie sich geöffnet haben. Zur Sicherheit nicht geöffnete Exemplare entfernen. Die Bambussprossen zufügen und 1 weitere Minute köcheln lassen. Nach Bedarf mit Salz abschmecken.

5. Die Suppe in Teller verteilen und mit chinesischem Schnittlauch (Chinese chive) bestreuen.

# Clam Chowder

## EIN KÖSTLICHER MUSCHELTOPF MIT RÄUCHERSPECK UND MAIS – IN DER KONSISTENZ ZWISCHEN SUPPE UND EINTOPF.

Bei den »Chowder clams« handelt es sich um eine große Venusmuschelart, die an der amerikanischen Ostküste vorkommt und speziell für diesen klassischen Muscheltopf genommen wird. Bei uns ist diese besonders fleischige Sorte nicht immer erhältlich und wenn doch, dann meist recht teuer. Als Ersatz können jedoch auch andere große Venus- oder Teppichmuscheln dienen.

| |
|---|
| 3 kg Chowder clams |
| 100 g roh geräucherter durchwachsener Speck |
| 100 g Zwiebeln, 150 g Möhren, 70 g Lauch |
| 100 g Stangensellerie, 250 g Maiskolben |
| 500 g festkochende Kartoffeln |
| 40 g Butter, 40 g Mehl, 3/4 l Milch, 1/8 l Sahne |
| Salz, frisch gemahlener weißer Pfeffer |
| **Außerdem:** |
| 1 EL gehackte Petersilie |

Die Muscheln unter fließendem kaltem Wasser gut abbürsten, abtrocknen. Um sie zu öffnen, die Muscheln fest in die Hand nehmen, die Klinge eines starken Messers vorn zwischen die Schale schieben und das Messer bei drehender Bewegung weiterführen. Den Muskel an der oberen Schale durchtrennen, bis zum Scharnier weiterschneiden und so die Muscheln öffnen, dabei die Flüssigkeit auffangen. Das Muskelfleisch von der unteren Schale trennen und herausnehmen. Die Muschelflüssigkeit durch ein feines Sieb gießen. Den Speck klein würfeln. Die Zwiebeln schälen und fein hacken. Die Möhren schälen und knapp 1 cm groß würfeln. Den Lauch putzen, waschen und in dünne Ringe schneiden. Den Sellerie putzen und in Scheibchen schneiden. Von dem Maiskolben Hüllblätter und Fäden entfernen, mit einem scharfen Messer die Körner dicht am Strunk abschneiden. Die Kartoffeln schälen und in 1 cm große Würfel schneiden. Die Butter in einem entsprechend großen Topf zerlassen und den Speck darin kurz anrösten. Die Zwiebeln zufügen und glasig schwitzen. Das Mehl darüberstauben und unter Rühren hell anschwitzen. Weiterverfahren, wie unten gezeigt. Zum Schluß die Sahne unter die Suppe rühren, salzen und pfeffern. Die Suppe mit Petersilie bestreuen und servieren.

Die angedickte Speck-Zwiebel-Mischung mit der Muschelflüssigkeit ablöschen und gut verrühren.

Die Milch unter ständigem Rühren zugießen und bei mittlerer Hitze langsam erhitzen.

Die Möhren- und Kartoffelwürfel sowie die Maiskörner einrühren und 20 Minuten köcheln lassen.

Den Sellerie, den Lauch und die Muscheln zufügen und weitere 10 Minuten köcheln lassen.

# Mixed bean soup

## EIN HERZHAFTER BOHNENTOPF MIT HUHN – GEKOCHT MIT EINER SELBSTGEMACHTEN BRÜHE.

Mit Huhn schmeckt dieser gemischte Bohnentopf ganz hervorragend; er kann statt dessen aber auch einmal – eine Variante – mit Fisch zubereitet werden. In dem Fall wählt man dann einen Fischfond als Grundlage, und als bißfeste Einlage kommen gut gewürzte, gebratene Würfel von frischem Thunfisch mit in den Topf. In jedem Fall wird das Gericht mit einem Löffel gehacktem Epazote abgerundet, einer in Mexiko sehr beliebten Kräuterart mit zartem Zitrusaroma. Auch an der Zubereitung der Bohnen, deren Garzeit je nach Sorte variiert – Borlotto-, weiße, Wachtel- und Kidneybohnen brauchen 40 bis 45 Minuten, die Feuerbohnen 50 Minuten – ändert sich nichts.

**Die ganze Bohnenpalette** findet sich in diesem Gericht vereint – genau die richtige Stärkung nach einer größeren Anstrengung, zumal es sich gut vorbereiten läßt. Ist die Brühe fertig und sind die Bohnen erst weich, ist der Rest ein Kinderspiel.

| |
|---|
| je 100 g getrocknete Wachtel- und Borlotto-Bohnen |
| je 100 g getrocknete Kidney- und Feuerbohnen |
| 100 g getrocknete, kleine weiße Bohnen, Salz |
| 100 g Schalotten, 50 g frische Ingwerwurzel |
| 1 Chilischote, 30 g Butter, 50 ml Zitronensaft |
| 2 Kaffir-Limettenblätter, frisch gemahlener Pfeffer |
| **Für etwa 1,5 l Hühnerbrühe:** |
| 1 Suppenhuhn, ausgenommen (etwa 1 kg) |
| 500 g Kalbsknochen, in Scheiben geschnitten |
| 80 g Möhre, 50 g Lauch, 50 g Stangensellerie |
| 1 Knoblauchzehe |
| 1/2 Zwiebel, mit 2 Nelken gespickt |
| 10 weiße Pfefferkörner, 1 Lorbeerblatt |
| 1 Zweig Thymian, 2 Stengel Petersilie |
| **Außerdem:** |
| 1 EL gehackter Epazote |

1. Alle Bohnen getrennt voneinander kurz unter fließendem Wasser abbrausen, in kleinen Schüsseln mit kaltem Wasser bedecken und über Nacht einweichen. Am nächsten Tag das Wasser abgießen und die Bohnen getrennt voneinander in leicht gesalzenem Wasser garen, bis sie weich sind, abseihen und gut abtropfen lassen.

2. Für die Brühe das Huhn unter fließendem kaltem Wasser innen wie außen waschen, abtropfen lassen, vierteln. Mit den Kalbsknochen in einem Topf mit heißem Wasser bedecken und schnell zum Kochen bringen. Aufwallen lassen, bis das Eiweiß mit den Schmutzstoffen an die Oberfläche steigt. Das Wasser abgießen, Huhn und Kalbsknochen mit warmem Wasser abbrausen. Zurück in den Topf legen, mit etwa 2 l frischem Wasser bedecken und erneut aufkochen, dabei den aufsteigenden Schaum immer wieder abschöpfen. Die Hitze reduzieren und die Brühe etwa 3 Stunden knapp unter dem Siedepunkt halten.

3. Nach 2 Stunden die Möhre schälen, den Lauch sowie den Sellerie putzen, waschen und alles

klein schneiden. Den Knoblauch mit einem Messerrücken andrücken. Das Gemüse, den Knoblauch, die gespickte Zwiebel, die Pfefferkörner, das Lorbeerblatt, den Thymianzweig und die Petersilienstengel in den Topf einlegen und mitköcheln lassen. Bei Bedarf etwas Wasser nachfüllen. Die fertige Brühe durch ein Tuch in einen Topf passieren, abkühlen lassen und entfetten.

4. Die Schalotten schälen und in feine Ringe schneiden. Den Ingwer schälen und in drei Stücke teilen. Die Chilischote halbieren, Samen und Scheidewände entfernen.

5. Die Butter in einem Topf zerlassen und die Schalottenringe darin glasig anschwitzen. Ingwer, Chilischote, Zitronensaft und Limettenblätter kurz mitschwitzen und mit 1 l der Brühe aufgießen. Einmal aufkochen lassen, die Hitze reduzieren und die Suppe 30 Minuten köcheln lassen. Die Limettenblätter, die Ingwerstücke und die Chilischote wieder herausnehmen. Die abgetropften Bohnen zugeben und alles noch weitere 10 Minuten köcheln lassen.

6. Das Hühnerfleisch von den Knochen lösen, die Haut abziehen und das Fleisch in mundgerechte Stücke teilen. In die Suppe legen und langsam darin erwärmen. Salzen und pfeffern. Die Suppe in vorgewärmte Teller schöpfen, mit dem gehacktem Epazote bestreuen und nach Belieben mit frischem Weißbrot servieren.

# Roasted red pepper soup

INTERESSANT IN DER KOMBINATION: GEGRILLTE PAPRIKASCHOTEN UND DAS FEINE ANISAROMA VON FENCHELSAHNE.

| |
|---|
| 780 g rote Paprikaschoten, 2 EL Pflanzenöl |
| 150 g Zwiebeln, 2 rote Peperoni |
| 10 g frische Ingwerwurzel, 30 g Butter |
| 700 ml Geflügelfond, 1 Spritzer Limettensaft |
| 1 Prise Zucker, Salz, frisch gemahlener weißer Pfeffer |
| **Für die Fenchelsahne:** |
| 60 g Fenchel, 1/4 TL Fenchelsamen |
| 80 ml Geflügelfond, 150 ml Sahne |
| Salz, 1 EL gehacktes Fenchelgrün, 1 cl Pernod |
| **Außerdem:** |
| 50 g Fenchel, in ganz dünne Scheiben gehobelt |
| Fenchelgrün |

1. Die Paprikaschoten vierteln, Stielansätze, Samen und Scheidewände entfernen. Das Fruchtfleisch rundherum mit Öl einpinseln und auf einem vorgeheizten Holzkohlengrill oder unter dem vorgeheizten Grill im Ofen von allen Seiten rösten, bis die Haut Blasen wirft. Die Schoten für 10 Minuten in einer Plastiktüte schwitzen lassen. Mit einem Messer die Haut abziehen. 80 g Fruchtfleisch zum Anrichten fein würfeln und beiseite stellen, den Rest klein schneiden.

2. Die Zwiebeln schälen und fein hacken. Die Peperoni halbieren, Stielansatz, Samen und Scheidewände entfernen, das Fruchtfleisch hacken. Den Ingwer schälen und in Scheiben schneiden.

3. Die Butter in einem Topf zerlassen und die Zwiebelwürfel darin glasig anschwitzen. Paprika, Peperoni und Ingwer 5 Minuten mitschwitzen. Den Fond angießen, aufkochen, die Hitze reduzieren und zugedeckt 60 Minuten köcheln lassen. Die Suppe im Mixer pürieren, durch ein feines Sieb passieren. Mit Limettensaft, Zucker, Salz und Pfeffer würzen.

4. Den Fenchel putzen, fein hacken und in eine Kasserolle füllen. Die Fenchelsamen zerstoßen und mit dem Fond zufügen. Aufkochen, die Hitze reduzieren und köcheln lassen, bis die ganze Flüssigkeit verdampft ist. Die Sahne zugießen und 10 Minuten köcheln lassen. Im Mixer pürieren und durch ein feines Sieb passieren. Salzen und erkalten lassen. Das Fenchelgrün und den Pernod einrühren. Die Fenchelsahne halbsteif schlagen.

5. Die zur Seite gestellten Paprikawürfel unter die Suppe heben. Diese in Teller verteilen und mit Fenchelsahne, -scheibchen und -grün garniert servieren.

**Voll ausgereift:** Bleiben Paprikaschoten lange genug an der Staude hängen, verfärben sie sich rot und weisen dann den höchsten Vitamin-C-Gehalt auf.

# Sweet corn soup

## SERVIERT MIT KLEINEN, KNUSPRIG GEBRATENEN KRABBENFLEISCH-KÜCHLEIN.

Mais, eines der wichtigsten Nahrungsmittel der Indianer, war den Europäern gänzlich unbekannt, als sie einst mit ihren Schiffen in Amerika landeten. Heute dagegen gehört Mais zu den Grundnahrungsmitteln aller Amerikaner. Neben Brot und Nudeln aus Maismehl verwendet man für zahlreiche Gerichte die Körner auch frisch. Viele Suppenzubereitungen schreiben etwa Maiskörner als Zutat vor. In diesem Fall ist es der feine, grüne Zuckermais, der, püriert und mit Sahne verfeinert, als Basis dieser delikaten, cremigen Suppe dient.

| Für die Maissuppe: |
|---|
| 2 frische Maiskolben (etwa 500 g) |
| 30 g Butter, zerlassen, 50 g Lauch, nur das Weiße |
| 80 g Zwiebeln, 40 g Knollensellerie |
| 40 g Butter, 3/4 l Fischfond |
| 1/4 l Sahne, Salz, frisch gemahlener weißer Pfeffer |

**Crab cakes** liebt man vor allem an der amerikanischen Atlantikküste. Dort werden sie aus dem Fleisch frisch gefangener Blaukrabben zubereitet. Da dieses bei uns meist nicht zur Verfügung steht, muß man auf Crabmeat aus der Dose zurückgreifen.

Die Maiskolben in Alufolie wickeln und in eine feuerfeste Form legen. Bei 180 °C im vorgeheizten Ofen 90 Minuten garen. Aus dem Ofen nehmen und etwas abkühlen lassen.

Die Maiskolben aus der Folie wickeln, die Hüllblätter und Fäden entfernen. Die Kolben fest anfassen und mit einem scharfen Messer die Körner dicht am Strunk abschneiden.

| Für die Crab cakes: |
|---|
| 100 g Crabmeat |
| 150 g Paprikaschoten (rot, grün, orange) |
| 20 g Stangensellerie, 1/4 rote Chilischote |
| 1 EL gehackte Petersilie |
| 30 g Mayonnaise, 30 g Weißbrotbrösel |
| Salz, frisch gemahlener Pfeffer, 1 TL Zitronensaft |
| 30 g Butter zum Braten |
| **Außerdem:** |
| Petersilienblättchen |

1. Die Maiskolben waschen, gut abtropfen lassen und mit zerlassener Butter einstreichen. Weiterverfahren, wie in den Bildern links gezeigt.

2. Für die Crab cakes eventuell vorhandene Knorpel- oder Schalenreste von dem Crabmeat entfernen. Die Paprikaschoten waschen, Stiel-

ansätze, Samen und Scheidewände entfernen und das Fruchtfleisch sehr klein würfeln. Den Sellerie putzen, waschen und ebenfalls sehr klein würfeln. Von der Chilischote Samen sowie Scheidewände entfernen und das Fruchtfleisch fein hacken. Das Gemüse in einer Schüssel mit der Petersilie, der Mayonnaise, den Brotbröseln sowie dem Krabbenfleisch gründlich vermengen und mit Salz, Pfeffer und Zitronensaft würzen. Die Masse zudecken etwa 1 Stunde im Kühlschrank ruhen lassen.

3. Den Lauch für die Suppe putzen, waschen und in kleine Stücke schneiden. Die Zwiebeln sowie den Sellerie schälen und klein würfeln. Die Butter in einem Topf zerlassen und das Gemüse darin 5 Minuten anschwitzen. Die Maiskörner kurz mitschwitzen. Den Fond zugießen, zum Kochen bringen, die Hitze reduzieren und zugedeckt 40 Minuten köcheln lassen. Die Sahne unterrühren, mit Salz und Pfeffer würzen, weitere 15 Minuten köcheln lassen. Die Suppe im Mixer pürieren und durch ein feines Sieb streichen.

4. In der Zwischenzeit aus der Crabmeat-Masse gleich große Kugeln von je etwa 30 g formen und flach drücken. Die Butter in einer Pfanne zerlassen und die Crab cakes darin von jeder Seite 2 Minuten braten.

5. Die Suppe in Teller schöpfen, je 2 Crab cakes einlegen, mit Petersilie bestreuen und servieren.

**Tabasco-Herstellung:** In den großen Gärbottichen auf Avery Island im Mississippidelta entsteht die konzentrierte, nur tropfenweise zum Würzen gebrauchte, teuflisch scharfe Sauce aus roten Chilischoten, Weinessig und Salz.

# Crawfish Stew

## SCHARFER EINTOPF MIT FLUSSKREBSEN UND REIS – AUS DEM AMERIKANISCHEN SÜDEN.

Die sumpfigen Regionen am Mississippi und anderen Flußarmen Louisianas bieten »crawfish« – zu deutsch Flußkrebsen – geradezu ideale Lebensräume. Krebsgerichte haben deshalb dort nicht von ungefähr eine große Tradition.

**Auch Reis,** ein weiteres Produkt des Südens, kommt mit in diesen scharf gewürzten und schmackhaften Eintopf, der einmal mehr die Vorliebe der Südstaatler für gutes Essen unter Beweis stellt.

| |
|---|
| 2 kg Flußkrebse, Salz |
| **Für den Krebsfond:** |
| 300 g Zwiebeln, 350 g Tomaten |
| 30 g Stangensellerie, 5 Knoblauchzehen |
| 4 EL Pflanzenöl, 2 EL Tomatenmark |
| 1 Lorbeerblatt, 5 weiße Pfefferkörner, 1/2 TL Salz |
| **Für den Eintopf:** |
| 60 ml Pflanzenöl, 40 g Mehl |
| 150 g Langkornreis, Salz, frisch gemahlener Pfeffer |
| 250 g Zwiebeln, 2 Knoblauchzehen |
| 120 g Stangensellerie |
| 200 g grüne Paprikaschoten |
| 80 g Frühlingszwiebeln |
| 1 Spritzer Tabasco-Sauce |
| **Außerdem:** |
| 2 EL gehackte Petersilie, Petersilienstengel |

1. Die Krebse nacheinander in sprudelnd kochendem, leicht gesalzenem Wasser 3 bis 4 Minuten kochen, dabei darauf achten, daß das Wasser immer wieder sprudelnd kocht, bevor der nächste eingelegt wird. Mit einem Schaumlöffel herausheben und kurz in kaltes Wasser legen. Um das Krebsfleisch auszulösen, den Krebsschwanz mit einer drehenden Bewegung vom Körper abziehen, dabei soll das Schwanzfleisch möglichst unversehrt bleiben. Den Darm entfernen. Die Krebsschwänze bis zur Weiterverarbeitung kühl stellen. Die Krebskörper längs halbieren, die Innereien entfernen, unter fließendem kaltem Wasser sauber auswaschen und abtropfen lassen. Die Karkassen auf ein Backblech legen und bei 200 °C im vorgeheizten Ofen 1 Stunde rösten.

2. Die Zwiebeln schälen und grob würfeln. Die Tomaten waschen, Stielansätze entfernen und das Fruchtfleisch klein schneiden. Den Stangensellerie putzen und klein schneiden. Die Knoblauchzehen schälen und halbieren.

3. Das Öl in einem Topf erhitzen und die Zwiebeln darin anschwitzen. Die Krebskarkassen zufügen und mitschwitzen. Die Tomaten und das Tomatenmark unterrühren. Sellerie, Knoblauch, Lorbeerblatt, Pfefferkörner und Salz zufügen. Mit 2,5 l Wasser aufgießen, zum Kochen bringen, die

Hitze reduzieren und 1 1/2 Stunden köcheln lassen, dabei den aufsteigenden Schaum mehrmals abschöpfen. Ein Spitzsieb mit einem Passiertuch auslegen und den Krebsfond nach und nach durchlaufen lassen.

4. In einem entsprechend großen Topf 40 ml Öl erhitzen und das Mehl darin unter ständigem Rühren hellbraun anschwitzen. Den Krebsfond unter Rühren langsam zugießen, zum Kochen bringen, die Hitze reduzieren und den gebundenen Fond auf etwa 1,5 l einkochen lassen, dabei öfters umrühren. Sollten Klümpchen entstanden sein, durch ein Sieb passieren. Den Reis zufügen, mit Salz und Pfeffer würzen und alles weitere 10 Minuten köcheln lassen.

5. Die Zwiebeln sowie den Knoblauch schälen und fein hacken. Den Sellerie putzen und klein würfeln. Die Paprikaschoten halbieren, Stielansätze, Samen und Scheidewände entfernen, das Fruchtfleisch in 1/2 cm große Würfel schneiden. Die Frühlingszwiebeln putzen und in dünne Ringe schneiden.

6. Das restliche Öl in einer Pfanne erhitzen und Zwiebeln sowie Knoblauch darin farblos anschwitzen. Sellerie und Paprika 5 Minuten mitschwitzen. Das Gemüse im Krebsfond 10 Minuten köcheln lassen. Frühlingszwiebeln und Krebsschwänze einlegen und weitere 5 Minuten mitköcheln lassen. Den Eintopf mit Tabasco würzen und mit der Petersilie garniert servieren.

**Chorizo**, die weiche spanische Wurst aus grobgehacktem Fleisch, ist meist leicht geräuchert und mal mehr, mal weniger scharf gewürzt – mit Chillis, Knoblauch und Paprika.

# Jambalaya

## HEUTE IST DER KREOLISCHE, CHILISCHARFE REISTOPF IN GANZ AMERIKA – UND NICHT NUR DORT – SEHR BELIEBT.

Ursprünglich stammt das Gericht aus dem Süden der USA, wo der Reisanbau eine über hundertjährige Tradition hat. Wurde Reis früher vor allem in North und South Carolina angepflanzt, so sind heute neben Kalifornien Arizona und Louisiana wichtige Reiserzeugerstaaten in den USA. Und dort, im Süden der Vereinigten Staaten, liebt man »Jambalaya«, das Gericht, das unendlich variiert werden kann, noch immer ganz besonders. Bisweilen kommt alles, was der Golf von Mexiko an Seafood hergibt, also Garnelen, Krebse, Austern oder Langusten, mit in den Topf. Manchmal hingegen kocht man Jambalaya aber auch, wie hier, in einer eher ländlichen Variante, mit Schweinefleisch, Chorizos und Waldpilzen.

| |
|---|
| 1 kg Schweinefleisch (aus der Keule) |
| 250 g Chorizo (spanische Wurst) |
| 300 g Zwiebeln |
| 5 Knoblauchzehen |
| 120 g Stangensellerie |
| 300 g rote Paprikaschoten |
| 1 rote Chilischote |
| 250 g Pilze (etwa Pfifferlinge oder Champignons) |
| 100 g Frühlingszwiebeln |
| 40 Schweineschmalz |
| 400 g Langkornreis |
| 1 bis 1,5 l Fleischbrühe |
| Salz, frisch gemahlener Pfeffer |
| **Außerdem:** |
| 2 EL gehackte Petersilie |

1. Das Schweinefleisch in etwa 1,5 cm große Würfel schneiden. Die Wurst häuten und in dünne Scheiben schneiden. Die Zwiebeln und die Knoblauchzehen schälen und fein hacken. Den Stangensellerie putzen, waschen und in kleine Würfel schneiden. Die Paprikaschoten und die Chilischote halbieren, Stielansätze, Samen und Scheidewände entfernen, das Fruchtfleisch jeweils 1/2 cm groß würfeln. Die Pilze putzen und je nach Größe halbieren oder vierteln, es sollen mundgerechte Stücke sein. Die Frühlingszwiebeln putzen und in Ringe schneiden.

2. Das Schmalz in einem entsprechend großen Topf erhitzen und das Fleisch darin von allen Seiten rundherum gut anbraten; das dauert 20 bis 25 Minuten. Die Wurstscheiben 5 Minuten unter Rühren mitbraten. Zwiebel-, Knoblauch-, Sellerie- und Paprikawürfel untermischen und alles bei mittlerer Hitze weitere 5 Minuten garen.

3. Die Chiliwürfel und den Reis unterrühren. Einen Teil der Brühe angießen, salzen und pfeffern. Zum Kochen bringen, die Hitze reduzieren und alles 20 Minuten köcheln lassen. Nach Bedarf die restliche Brühe angießen, der Eintopf soll feucht, aber nicht naß sein.

4. Zum Schluß die Pilze und die Frühlingszwiebeln untermischen und alles weitere 5 Minuten köcheln lassen. Die Petersilie auf den Eintopf streuen, abschmecken und servieren.

**Mit Hilfe eines Ringes** ist es ganz einfach, die richtige Höhe beim Abschneiden des Deckels einzuhalten. Mit einem spitzen Messer in Zick-zack-Schnitten den Kürbis jeweils bis zur Mitte durchstechen, dann den Deckel abheben.

# Mais-Kürbis-Suppe

## IN DEN ZUTATEN TYPISCH AMERIKANISCH UND SCHARF ABGESCHMECKT MIT CHILLIES.

Kürbis in allen Arten und Variationen ist aus den amerikanischen Küchen nicht mehr wegzudenken. Schon die Indianer kannten verschiedene Sorten des anspruchslosen Gemüses; beispielsweise den Riesenkürbis (pumpkin) oder den Melonenkürbis (squash). Das Gemüse mit dem wenig aufdringlichen Eigengeschmack eignet sich für vieles, so zum Beispiel als Grundlage von Kuchen, Chutneys, Pürees oder für Aufläufe. Sehr beliebt sind auch gut gewürzte Suppen. Deren Zubereitung lernten die ersten Siedler seinerzeit von den Indianern, die Meister im Kochen von schmackhaften Kürbiseintöpfen waren. Als Geschirr dienten ihnen die ausgehöhlten Kürbisse, die sie dann zum Garen ganz einfach in die heiße Glut legten. Die im folgenden vorgestellte Suppe, in die neben Kürbis und Mais auch noch Möhren und Zwiebeln gehören, kann man zwar – nach Belieben – im ausgehöhlten Kürbis servieren, kochen aber wird man sie der Einfachheit halber wohl doch lieber auf dem Herd.

**Besonders attraktiv** serviert man die pürierte Mais-Kürbis-Suppe in der »Originalverpackung«, dem ausgehöhlten Kürbis.

| |
|---|
| 100 g Zwiebeln |
| 120 g Möhren |
| 1,5 g Speisekürbis |
| 2 Maiskolben (je etwa 200 g) |
| 1 rote Peperoni |
| 4 EL Maiskeimöl |
| etwa 1,5 l Gemüsefond |
| Salz, frisch gemahlener weißer Pfeffer |
| **Außerdem:** |
| 1 EL gehackte Pfefferminze |

1. Die Zwiebeln schälen und fein hacken. Die Möhren schälen und in etwa 1/2 cm große Würfel schneiden. Den Kürbis schälen, das Kerngehäuse vollständig entfernen und das

Fruchtfleisch ebenfalls in 1/2 cm große Würfel schneiden. Von den Maiskolben die Hüllblätter und die Fäden entfernen, mit einem scharfen Messer die Körner dicht am Strunk abschneiden. Die Peperoni halbieren, Stielansatz, Samen sowie Scheidewände entfernen und das Fruchtfleisch ganz fein hacken. Wer die Suppe etwas schärfer will, verwendet die Samen mit.

2. Das Öl in einem Topf erhitzen und die Zwiebeln darin glasig anschwitzen. Die Möhren- und Kürbiswürfel zugeben und kurz mitschwitzen. Die Maiskörner und die Peperoni zufügen, den Fond angießen, salzen und pfeffern. Zum Kochen bringen, die Hitze reduzieren und den Topfinhalt zugedeckt etwa 25 Minuten köcheln lassen. Die Suppe mit einem Mixstab pürieren und durch ein feines Sieb passieren. Sollte sie zu dick sein, noch etwa Gemüsefond angießen. Abschmecken, mit Minze bestreuen und servieren.

3. Wenn gewünscht, kann die Suppe auch in dem ausgehöhlten Kürbis serviert werden. Dafür das obere Drittel der Frucht mit einem spitzen Messer und mit Hilfe eines Ringes im Zickzack abtrennen, wie oben links gezeigt. Den Deckel abheben und das faserige Innere mit den Kernen entfernen, eventuell noch etwas Kürbisfleisch ringsum mit einem Teelöffel abschaben. Die heiße Suppe einfüllen und sofort servieren.

**Geschlossene Blüten vorbereiten.** Um den Stempel zu entfernen, brauchen die Blüten nicht erst geöffnet zu werden. Man hält vielmehr die Blüte mit der einen Hand fest und dreht einfach mit der anderen den Kelchansatz mitsamt dem Blütenstempel heraus.

# Zucchiniblütensuppe

## APART IN FARBE UND GESCHMACK – MIT EINER DELIKATEN EINLAGE AUS GEBRATENEM HÜHNERBRUSTFILET UND CHAMPIGNONS.

Von den Kürbisverwandten sind in den USA nicht allein die schlanken Früchte geschätzt, verwendet werden manchmal auch die leuchtendgelben Blüten. Sie bilden hier zusammen mit dem grünen Gemüse die Grundlage der Suppe. Wer nicht ausreichend viele Zucchiniblüten zur Verfügung hat – entweder vom Markt oder aus dem eigenen Garten – kann statt dessen die Hälfte der angegebenen Menge durch Kürbisblüten ersetzen.

| |
|---|
| 300 g Zucchini, 100 g Zucchiniblüten |
| 30 g Frühlingszwiebel, 2 Knoblauchzehen |
| 1 Jalapeño-Chili (etwa 15 g), 30 g Butter |
| 1 EL gehackte Kräuter, 800 ml Geflügelfond |
| Salz, frisch gemahlener Pfeffer, 1 EL Crème fraîche |
| **Für die Einlage:** |
| 200 g Hähnchenbrustfilet, 120 g Champignons |
| 50 g Zucchiniblüten, 30 g Butter, Salz |
| frisch gemahlener Pfeffer, 1 EL gehackte Petersilie |

Die Zucchini waschen, trocknen und weiterverfahren, wie in den ersten drei Steps der nebenstehenden Bildfolge gezeigt. Frühlingszwiebel putzen, in dünne Ringe schneiden. Den Knoblauch schälen, in Scheiben schneiden. Die Chilischote halbieren, Stielansatz, Samen und Scheidewände entfernen, das Fruchtfleisch in feine Streifen schneiden. Butter in einem Topf zerlassen, Frühlingszwiebel und Knoblauch darin farblos anschwitzen, Chilistreifen unterrühren. Zucchinistücke und -blüten kurz mitschwitzen, die Kräuter einstreuen, den Fond zugießen und weiterverfahren, wie im 4. Bild gezeigt. Wenn die Zucchini weich sind, die Suppe im Mixer pürieren, Crème fraîche einrühren, abschmecken und warm stellen. Für die Einlage das Hähnchenbrustfilet in etwa 1 cm breite Streifen schneiden. Champignons putzen und in Scheiben schneiden. Zucchiniblüten vorbereiten, wie oben beschrieben, dann in Streifen schneiden. In einer Pfanne die Butter zerlassen und das Fleisch darin rundum anbraten. Weiterverfahren, wie gezeigt. Pfanneninhalt salzen und pfeffern, Petersilie einstreuen. Die Suppe in Teller verteilen, mit der Einlage anrichten.

Die Zucchini von Blüten- und Stielansatz befreien. In gleichmäßige, nicht zu große Stücke schneiden.

Offene Blüten so vorbereiten: Zunächst mit einer Schere den Blütenstempel herausschneiden.

Dann den Stiel- und Kelchansatz abschneiden und die Blüten quer in dünne Streifen schneiden.

Salzen und pfeffern. Aufkochen, die Hitze reduzieren und die Suppe etwa 15 Minuten köcheln lassen.

Champignons 1 bis 2 Minuten mitbraten. Die Blüten zufügen und noch einige Sekunden braten.

**Callaloo-Ernte auf Jamaika.** In der Karibik – und auch in anderen tropischen Regionen – werden die grünen Blätter als Gemüse geschätzt. Aber auch die stärkehaltigen Knollen der Pflanze gehören in den Anbaugebieten zu den Grundnahrungsmitteln.

# Jamaican Pepperpot

## KARIBIK PUR: EINE SUPPE MIT CALLALOO, CHAYOTEN, KOKOSMILCH UND LAMPION-CHILLIES.

Callaloo (so die englische Schreibweise, die französische ist »calalou«) oder Tannia ist ein Aronstabgewächs, das in tropischen Feuchtgebieten zu Hause ist. Die Blätter sind bei uns leider kaum zu bekommen, doch bietet Mangold nicht nur optisch, sonden auch geschmacklich einen guten Ersatz. Wer mag, kann statt der Nudeln auch Mehlklößchen in die Suppe einlegen, »dumplins« (so, ohne »g« am Ende, heißen sie auf den Westindischen Inseln), die in der Karibik gern gereicht werden. Die hier vorgeschlagene Variante ist im Aussehen verfeinert und erinnert an Schupfnudeln: Dafür 180 g Mehl mit etwas Salz und so viel Wasser (etwa 4 EL) verkneten, daß ein geschmeidiger Teig entsteht. Daraus dünne, 4 cm lange Rollen formen, die an beiden Enden spitz zulaufen. 15 Minuten vor Ende der Garzeit in die Suppe einlegen und mitköcheln lassen.

**Dunkelgrün und cremig** präsentiert sich die Suppe, in der die Einlagen – Speckscheiben, Gemüsestückchen und Nudeln – praktischerweise gleich mitgekocht werden. Die Garnitur aus Lampion-Chillies sorgt für Temperament.

| |
|---|
| 1 frische Kokosnuß |
| 300 g Callaloo (ersatzweise Mangold) |
| 2 Knoblauchzehen, 100 g Möhren |
| 150 g Chayote (Christophine), 1 Frühlingszwiebel |
| 60 g durchwachsener roher Speck, in Scheiben |
| 200 g mehligkochende Kartoffeln, 3 Zweige Thymian |
| 1 grüner Lampion-Chili, Salz, 30 g Suppennudeln |
| **Außerdem:** |
| Thymianblättchen, 4 Lampion-Chillies zum Garnieren |

1. Um die Kokosnuß zu öffnen, zunächst mit einem Nagel und Hammer zwei der drei Keimporen oder »Augen« aufstechen und das Kokoswasser in eine Schüssel laufen lassen. Zum Öffnen die Nuß am besten mit einer scharfen Säge ansägen und dann mit einem Hammer aufklopfen. Die harte Schale stückweise abbrechen. Von dem Fruchtfleisch die braune Schale mit einem Kartoffelschäler ablösen. Das Fruchtfleisch würfeln, mit dem Kokoswasser in einem Mixer pürieren. Bei Bedarf Wasser zufügen, um auf die benötigte Menge von 450 ml Kokosmilch zu kommen.

2. Vom Callaloo die groben Stiele entfernen und von den feineren die Fäden abziehen. Stiele und Blätter unter fließendem kaltem Wasser gründlich waschen, fein hacken. Die Knoblauchzehen schälen. Die Möhren sowie die Chayote ebenfalls schälen und in 1,5 cm große Würfel schneiden. Die Frühlingszwiebel putzen.

3. In einem entsprechend großen Topf 700 ml Wasser zum Kochen bringen und Callaloo, Knoblauch, Speckscheiben und 300 ml Kokosmilch einrühren. Aufkochen lassen, zudecken und 10 Minuten garen. Vom Herd nehmen, etwas abkühlen lassen. Den Speck herausnehmen. Die Suppe im Mixer pürieren und zurück in den Topf gießen. Den Speck wieder einlegen.

4. Die Kartoffeln schälen, 1,5 cm groß würfeln und zusammen mit den Möhren- und Chayotewürfeln in die Suppe rühren. Die Thymianzweige, die Frühlingszwiebel und den Lampion-Chili im ganzen einlegen, restliche Kokosmilch angießen. Salzen und zugedeckt 20 Minuten kochen.

5. Die Nudeln einrühren und weitere 5 Minuten mitkochen. Die Thymianzweige, die Frühlingszwiebel und die Chilischote entfernen. Die Suppe abschmecken, auf Teller verteilen, mit Thymianblättchen und je 1 Lampion-Chili garnieren.

**Lampion-Chillies,** wie sie hier auf dem Markt von Ocho Rios auf Jamaika angeboten werden, erkennt man an den stark gefalteten, breiten Schoten. Sie sind so dünnfleischig, daß sie fast durchscheinend wirken – und vor allem sind sie höllisch scharf.

# Pumpkin soup

## EINE EINFACHE SUPPE – MIT DEM RICHTIGEN KÜRBIS ABER DURCHAUS LECKER.

Am allerbesten, und so sieht es auch das jamaikanische Original vor, sind für diese Suppe Butternußkürbisse geeignet. Sie gehören zu den Moschuskürbissen, die sich durch besonders aromatisches, karotinreiches Fruchtfleisch auszeichnen. Das des Butternußkürbisses ist darüber hinaus auch noch butterzart und besitzt einen nussigen Geschmack – so erklären sich der deutsche wie der englische Name (»butternut«) für den Kürbis von selbst. Die Frucht, botanisch gesehen eine Beere, sieht im Längsschnitt wie eine etwas plumpe Flasche aus; die Kerne finden sich nur im »bauchigen« Teil. Butternußkürbisse, die nicht nur in der Karibik, sondern auch in den USA sehr beliebt sind, findet man inzwischen zuweilen sogar auch hierzulande auf dem Markt. Falls nicht, kann man auf andere Moschuskürbisse ausweichen, etwa auf die große, gerippte Sorte, die manchmal als »Muskatkürbis« verkauft wird, oder auf den mittlerweile problemlos erhältlichen kleineren, orangefarbenen Hokkaido-Kürbis.

| |
|---|
| 1 kg Butternußkürbis |
| 80 g Zwiebeln |
| 1 Knoblauchzehe |
| 60 g Frühlingszwiebeln |
| 1/2 Lampion-Chili |
| 2 EL Pflanzenöl |
| 3 Zweige Thymian |
| 1 Lorbeerblatt, Salz |
| **Zum Garnieren:** |
| 30 g Frühlingszwiebel |
| 1 TL Thymianblättchen |

1. Den Kürbis halbieren, schälen und die Samen mit einem Löffel herauskratzen. Das Fruchtfleisch in etwa 2 cm große Stücke schneiden.

**Die Garnierung** aus Frühlingszwiebelringen und Thymian bringt viel Geschmack mit. Und so rundet sie die durch das pürierte Kürbisfruchtfleisch sämige Suppe wunderbar ab.

2. Die Zwiebeln sowie die Knoblauchzehe schälen und fein hacken. Die Frühlingszwiebeln putzen und in Ringe schneiden. Von der Chilischote Samen und Scheidewände entfernen, dabei am besten Einmal-Handschuhe tragen, um Reizungen der Augen oder Schleimhäute durch unbedachtes Berühren auszuschließen.

3. Das Öl in einem entsprechend großen Topf erhitzen, die Zwiebel- und Knoblauchwürfel sowie die Frühlingszwiebelringe darin farblos anschwitzen. Den kleingeschnittenen Kürbis 4 bis 5 Minuten mitschwitzen. Mit 1 l Wasser auf-

gießen und den Topfinhalt zum Kochen bringen. Das Fruchtfleisch der Chilischote, die Thymianzweige und das Lorbeerblatt zugeben. Salzen.

4. Die Hitze reduzieren und die Kürbisstücke 25 bis 30 Minuten köcheln lassen. Die Thymianzweige und das Lorbeerblatt entfernen. Wer's nicht gar so scharf liebt, sollte auch das Fruchtfleisch des Lampion-Chilis wieder herausnehmen. Die Suppe im Mixer oder mit einem Mixstab fein pürieren und durch ein feinmaschiges Sieb passieren. Mit Salz nach Bedarf abschmecken und die Kürbissuppe warm halten.

5. Zum Garnieren die Frühlingszwiebel putzen und in feine Ringe schneiden. Die Suppe in vorgewärmte Teller schöpfen, mit den Frühlingszwiebelringen und den Thymianblättchen bestreuen und servieren.

**Die meisten Suppen und Eintöpfe** lassen sich mit den in jedem Haushalt vorhandenen Geräten ohne weiteres zubereiten. Für klare Suppen sind verschiedene Siebe und feine Passiertücher unentbehrlich, für viele Cremesuppen ist ein Mixer oder ein Pürierstab eine große Hilfe. Die hier darüber hinaus vorgestellte Auswahl ist als Anregung gedacht.

**1** Spitzsieb
**2** Passiertuch
**3** Suppentopf
**4** Wok
**5** asiatischer Schaumlöffel
**6** Fleischtopf
**7** Schmortopf
**8** Küchenschüsseln
**9** Stielkasserollen
**10** Küchensiebe
**11** Litermaß
**12** Mixaufsatz
**13** Pürierstab
**14** Wiegemesser mit Schneidebrett
**15** Handrührgerät
**16** Schaumlöffel
**17** Schöpfkelle
**18** Saucenlöffel
**19** Pfannenschaufel
**20** Mörser
**21** Zitronenpresse
**22** Hummerzange
**23** Geflügelschere
**24** Küchenschere
**25** Kugelausstecher in verschiedenen Größen
**26** Zestenreißer
**27** Gemüsemesser
**28** Sparschäler
**39** Spargelschäler
**30** Knoblauchpresse
**31** Allzweckmesser
**32** Küchenmesser in verschiedenen Größen
**33** Fleischmesser
**34** Fleischgabel
**35** Kochmesser

# Register

Warenkundliche sowie verarbeitungstechnische Informationen sind kursiv geschrieben. Alle anderen Stichwörter beziehen sich auf die Rezepte.

TEUBNER EDITION

Die erfolgreiche Kochbuchreihe:

## KREATIVE KÜCHE RUND UM DEN GLOBUS

Richtig gut kochen – mit marktfrischen Zutaten und einem Schuß Phantasie – das macht Spaß. Anregungen dazu gibt es überall auf der Welt. Christian Teubner – Fotograf, Koch und Gourmet – hat sie auf seinen Reisen zusammengetragen und stellt seine Lieblingsrezepte in den Bänden dieser Reihe vor, die zudem die notwendigen Kenntnisse und Handgriffe vermitteln. Sie schaffen damit die besten Voraussetzungen, selbst am Herd kreativ zu werden.

**KOCHEN**
216 Seiten mit 413 Farbfotos
Format: 21,5 x 27,5 cm
ISBN 3-7742-2684-9
TE-Bestell-Nr. 320

**BACKEN**
216 Seiten mit 505 Farbfotos
Format: 21,5 x 27,5 cm
ISBN 3-7742-1549-9
TE-Bestell-Nr. 321

**NUDELN**
216 Seiten mit 424 Farbfotos
Format: 21,5 x 27,5 cm
ISBN 3-7742-2857-4
TE-Bestell-Nr. 322

**GEMÜSE**
216 Seiten mit 405 Farbfotos
Format: 21,5 x 27,5 cm
ISBN 3-7742-2801-9
TE-Bestell-Nr. 323

**FISCH UND MEERESFRÜCHTE**
216 Seiten mit 420 Farbfotos
Format: 21,5 x 27,5 cm
ISBN 3-7742-2076-X
TE-Bestell-Nr. 324

**AUFLÄUFE, SOUFFLES & GRATINS**
216 Seiten mit 424 Farbfotos
Format: 21,5 x 27,5 cm
ISBN 3-7742-2813-2
TE-Bestell-Nr. 325

**DESSERTS**
216 Seiten mit 432 Farbfotos
Format: 21,5 x 27,5 cm
ISBN 3-7742-2823-X
TE-Bestell-Nr. 328

**VEGETARISCH**
216 Seiten mit 405 Farbfotos
Format: 21,5 x 27,5 cm
ISBN 3-7742-2831-0
TE-Bestell-Nr. 327

**GEFLÜGEL**
216 Seiten mit 424 Farbfotos
Format: 21,5 x 27,5 cm
ISBN 3-7742-2802-7
TE-Bestell-Nr. 326

**FLEISCH**
216 Seiten mit 377 Farbfotos
Format: 21,5 x 27,5 cm
ISBN 3-7742-3598-8
TE-Bestell-Nr. 329

**SALATE**
216 Seiten mit 387 Farbfotos
Format: 21,5 x 27,5 cm
ISBN 3-7742-3599-6
TE-Bestell-Nr. 330

# Impressum

| | |
|---|---|
| **Copyright** | © 1998 by Teubner Edition<br>Grillparzerstr. 12, D-81675 München<br>Teubner Edition ist ein Unternehmen des Verlagshauses<br>Gräfe und Unzer, Ganske Verlagsgruppe<br>Teubner-Leseservice@graefe-und-unzer.de |
| **Produkt- und Bildbeschaffung** | Angelika Mayr |
| **Kochstudio** | Barbara Mayr (Rezeptentwicklung)<br>Oliver Brachat, Helena Brügmann, Waltraud Vogel |
| **Fotografie** | Christian Teubner, Odette Teubner,<br>Christian Herr, Ulla Mayer-Raichle, Andreas Nimptsch,<br>Oliver Schneider |
| **Redaktion** | Alexandra Cappel, René Fuchs, Dr. Ute Paul-Prössler<br>(oec.troph.), Monika Römer, Katrin Wittmann |
| **Layout/DTP** | Christian Teubner, Gabriele Wahl |
| **Herstellung** | Angelika Mayr, Gabriele Wahl |
| **Reproduktion** | Franz Kaufmann GmbH, D-70506 Stuttgart |
| **Druck** | Dr. Cantz'sche Druckerei, GmbH & Co.,<br>D-73760 Ostfildern |
| **Auflage** | 6. 5. 4. 3. |
| **Jahr** | 2005 2004 2003 2002 |



ISBN 3-7742-3588-0